जायज़ हत्यारे

(नाटक)

जायज़ हत्यारे

(अल्बेयर कामू के नाटक 'द जस्ट एसासिन्स' का हिन्दी रूपान्तर)

रूपान्तरकार

सुरेश भारद्वाज

दीपा साही

वाणी प्रकाशन

वाणी प्रकाशन
4695, 21-ए, दरियागंज, नयी दिल्ली 110 002
शाखा
अशोक राजपथ, पटना 800 004
फ़ोनः +91 11 23273167 फ़ैक्सः +91 11 23275710
www.vaniprakashan.in
vaniprakashan@gmail.com

JAAYAZ HATYARE
by Albert Camus
Translated by Suresh Bhardwaj, Deepa Sahi

ISBN : 81-7055-984-7
Play

प्रथम संस्करण 2002
आवृत्ति संस्करण 2015

मूल्य : ₹150

हर्ष प्रिंटर्स, दिल्ली-110 093 में मुद्रित

वाणी प्रकाशन का लोगो मक़बूल फ़िदा हुसेन की कूची से

पात्र परिचय

ओंकार नाथ : क्रान्तिकारी पार्टी का प्रभारी
सुखेन : क्रान्तिकारी पार्टी का सदस्य
विवान : क्रान्तिकारी पार्टी का सदस्य
विमी : क्रान्तिकारी पार्टी का सदस्य
देविका : क्रान्तिकारी पार्टी का सदस्य
चीफ़ : पुलिस का मुखिया
फ़ज़ल : एक कैदी
बीवी : गवर्नर की पत्नी
सिपाही : जेल का सिपाही

इस रूपान्तर का प्रथम मंचन 'सम्भव' नाट्य संस्था द्वारा 1985 में श्रीराम सेंटर में किया गया जिसमें निम्नलिखित अभिनेताओं ने हिस्सेदारी की।

ओंकार नाथ : अमिताभ श्रीवास्तव
सुखेन : मनोज पाहवा
विवान : सुरेश भारद्वाज
विमी : सुरेन्द्र शर्मा
देविका : दीपा साही
चीफ़ : भारत भूषण सूरी
फ़ज़ल : चक्रधर जेना/ सुदीप चक्रवर्ती
बीवी : कविता नागपाल
सिपाही : अखिलेश खन्ना
निर्देशन : राजेन्द्र गुप्ता

पहला अंक

[क्रान्तिकारियों का कमरा, सुबह का समय। पर्दा उठता है...कमरे में ख़ामोशी छाई हुई है, देविका और ओंकार साँस रोके खड़े है कमरे की घण्टी सुनाई देती है...एक बार...। ओंकार देविका को चुप रहने का संकेत करता है, जो कुछ कहने ही वाली है। घण्टी दो बार बजती है...एक के बाद एक]

ओंकार : वही है। (**जाता है...देविका बिना हिलेडुले बैठी इन्तज़ार करती है...ओंकार सुखेन को कन्धे से पकड़े हुए वापस लौटता है**) आ गया सुखेन वापस...

[देविका खड़ी होकर सुखेन के पास जाती है और उसका हाथ पकड़ लेती है]

देविका : आओ सुखेन।

सुखेन : कैसी हो देविका।

देविका : तीन साल... ज़रा सोचो तो...

[उसे ग़ौर से देखती रहती है]

सुखेन : हाँ, तीन लम्बे साल...जिस दिन मुझे गिरफ्तार किया गया। मैं तुम लोगों के पास ही आ रहा था।

देविका : हाँ, हम तुम्हारा ही इन्तज़ार करते रहे, एक-एक लम्हा काटना मुश्किल था। एक-दूसरे की तरफ देखने की हिम्मत भी नहीं थी हममें।

ओंकार : हाँ, और उसके बाद फौरन हमें अपनी जगह बदलनी पड़ी।

सुखेन : मालूम है मुझे...

देविका : कैसा लगता था वहाँ?

सुखेन : वहाँ...?

देविका : जेल में।

सुखेन : वहाँ से भाग भी सकते हैं।

देविका : तुम्हारे रंगून भाग जाने की ख़बर से हमें क्या महसूस हुआ, जानते हो।

सुखेन : रंगून भी एक जेल ही है।

ओंकार : भई...वहाँ तुम कम से कम आज़ाद तो थे...

सुखेन : एक आदमी की आज़ादी का क्या मतलब...वो भी जेल ही है। जब तक हर आदमी आज़ाद न हो। मैं तो आज़ाद था। लेकिन हर लम्हे मेरे दिमाग़ में था हिन्दुस्तान...और मेरे गुलाम देशवासी। **(ख़ामोशी)**

ओंकार : खैर, तुम्हारे वापस आने से मुझे बहुत खुशी है।

सुखेन : मुझे वापस आना ही था...मैं घुटा जा रहा था। यहाँ कुछ कर तो सकता हूँ। **(ओंकार को देखता है)** उसका क़त्ल तो हम लोग कर रहे हैं न?

ओंकार : हाँ।

सुखेन : हम ज़ालिम का क़त्ल करेंगे...ओंकार बस तुम हुक्म दो। मैं तुम्हारे साथ हूँ।

ओंकार : मुझे किसी क़िस्म का वादा नहीं चाहिए सुखेन हम सब एक-दूसरे के साथ हैं...एक ही मक़सद के लिए...

सुखेन : हममें सख़्त डिस्प्लिन होना चाहिए...जेल से कुछ सीखा है तो यही...इनक़लाब के लिए अनुशासन होना ही चाहिए...तभी हम गवर्नर का क़त्ल कर वहशीपन का ख़ात्मा कर सकते हैं।

देविका : **(उसकी तरफ़ आती हुई)** बैठ जाओ सुखेन...इतने लम्बे सफ़र के बाद थक गए होगे...

सुखेन : मुझे कभी थकान नहीं होती...**(चुप्पी...देविका बैठती है)** क्या सब कुछ तैयार है ओंकार?

ओंकार : **(लहजा बदलकर)** पिछले एक महीने से हमारे दो आदमी गवर्नर की हर हरक़त पर निगाह रखे हैं...देविका ने सारा ज़रूरी सामान इकट्ठा कर लिया है।

सुखेन : क्या हमारे बयान का मज़मून तैयार हो गया है।

ओंकार : तमाम लोगों को पता चल जाएगा कि गवर्नर का क़त्ल किस पार्टी ने किया है। फिरंगियों के पंजे से आज़ादी के लिए। विदेशी हुक्मरानों को भी ये मालूम हो जाएगा कि हम तोड़फोड़ और मारकाट की हरक़तें तब तक बन्द नहीं करेंगे...जब तक देश की आज़ादी लौटा नहीं दी जाती। सब कुछ तैयार है सुखेन...अब हमें ज्यादा इन्तज़ार नहीं करना है।

सुखेन : मेरे जिम्मे क्या होगा?

ओंकार : अभी तो तुम देविका की मदद करो...तुम घोष की जगह काम करोगे...

सुखेन : वो मारा गया...?

ओंकार : हाँ।

सुखेन : कैसे...।

ओंकार : एक हादसे में

[सुखेन देविका की ओर देखता है जो नज़रें झुका लेती है]

सुखेन : उसके बाद मुझे क्या करना होगा।

ओंकार : वो बाद में तय कर लिया जाएगा। ज़रूरत पड़े तो तुम्हें भी किसी दूसरे की जगह लेने के लिए तैयार रहना चाहिए। सेण्ट्रल कमेटी से सम्पर्क रखना तुम्हारी ज़िम्मेदारी है।

सुखेन : यहाँ कौन-कौन है हमारे साथ।

ओंकार : तुम विवान से रंगून में मिल ही चुके हो थोड़ा कम उम्र है। लेकिन है ज़िम्मेदार...फिर विभी है...तुम उसे नहीं जानते हो न...!

सुखेन : विमी...

ओंकार : उसका असली नाम विमल है। हम उसे कवि कहकर भी बुलाते हैं।

सुखेन : एक इनक़लाबी का ऐसा नाम नहीं हो सकता।

ओंकार : **(हँसते हुए)** विमल के हिसाब से हो सकता है। वो कहता है...हर कविता एक इनक़लाब है।

सुखेन : सिर्फ़ बम ही इनक़लाब है। **(एक पल की ख़ामोशी के बाद)** तुम्हारे ख्याल से मैं तुम्हारे किसी काम आ सकूँगा देविका?

देविका : क्यों नहीं? बस फ्यूज़ जोड़ते वक़्त थोड़ा होशियार रहना पड़ता है।

सुखेन : अगर फ्यूज़ उड़ जाए तो...?

देविका : घोष इसी तरह मरा था...**(ख़ामोशी)** तुम मुस्करा क्यों रहे हो?

सुखेन : मैं मुस्करा रहा था क्या?

देविका : हाँ!

सुखेन : मैं मुस्करा पड़ता हूँ...कभी-कभी...**(थोड़ी देर ख़ामोशी...सुखेन कुछ सोचने लगता है)** एक बात बताओ देविका...इस इमारत को उड़ाने के लिए एक बम काफी है क्या?

देविका : पूरी तरह उड़ा तो नहीं सकता...लेकिन काफ़ी नुकसान पहुँचा सकता है।

सुखेन : पूरे इंग्लैंड को उड़ाने के लिए कितने बम चाहिए?

ओंकार : पागल तो नहीं हो गए...तुम कहना क्या चाहते हो?

सुखेन : कुछ नहीं...

[घण्टी बजती है...एक बार...फिर दूसरी बार...ओंकार जाता है...विवान के साथ लौटता है]

विवान : सुखेन...

सुखेन : विवान...

[दोनों हाथ मिलाते हैं...विवान देविका के पास जाता है और उससे गले मिलता है]

ओंकार : सब ठीक है न विवान...क्या तुमने गवर्नर के बंगले से क्लब तक का रास्ता ठीक से पहचान-समझ लिया है।

विवान : मैं तुम्हारे लिए अभी नक्शा बना सकता हूँ...**(पेपर निकालकर नक्शा बनाता है)** ये रहीं तमाम सड़कें मोड़ और चौराहे...उसकी बग्घी हमारी खिड़की के नीचे से गुजरेगी...

ओंकार : ये दो निशान कैसे हैं...?

विवान : ये एक ऐसा चौराहा है, जहाँ घोड़ों को थोड़ा धीमे चलना पड़ेगा, और दूसरा है वो क्लब जहाँ वो रुकेंगे...मेरे हिसाब से यही दो जगह काम के लिए ठीक है।

ओंकार : ठीक...मुझे दे दो...

सुखेन : पुलिस का बंदोवस्त...

विवान : **(झिझकते हुए)** वो तो सब जगह होंगे...

सुखेन : तुम्हें परेशानी हो रही है...है न...

विवान : थोड़ी परेशानी तो होती ही है...

ओंकार : हाँ...थोड़ी बहुत...लेकिन चिन्ता मत करो विवान...

विवान : मैं डर नहीं रहा...बस मुझे झूठ बोलना अच्छा नहीं लगता।

सुखेन : सब झूठ बोलते हैं...ज़रूरी ये है कि झूठ सफाई से बोला जाए।

विवान : इतना आसान नहीं है...जब मैं कॉलेज में था तो मेरे साथी हँसा करते थे मुझ पर...मैं कभी कुछ छिपा ही नहीं पाता था...सब कुछ साफ-साफ बोल दिया करता था। आख़िर मुझे कालेज से निकाल दिया गया।

सुखेन : क्यों?

विवान : इतिहास की क्लास में मेरे ब्रिटिश प्रोफ़ेसर ने पूछा ईस्ट इंडिया कंपनी

का उदय कैसे हुआ?

सुखेन : अच्छा सवाल है?

विवान : मैंने कहा, चालाकी और धोखाधड़ी के बूते पर बात ऊपर तक पहुँची और मुझे रेस्टीकेट कर दिया गया।

सुखेन : फिर।

विवान : तब मुझे एहसास हुआ जुल्म को नकारना ही काफ़ी नहीं है...बल्कि उसके ख़िलाफ लड़ते-लड़ते जान दे देनी चाहिए...इसलिए अब खुशी है मुझे...

सुखेन : लेकिन झूठ तो तुम्हें अभी भी बोलना पड़ता है।

विवान : बोलना पड़ता है...लेकिन जिस दिन मैं बम फेंकूँगा। वही मेरे झूठ बोलने का आखिरी दिन होगा...

[दो बार घण्टी बजती है...फिर एक बार...देविका चौंकती है...]

ओंकार : विमी है। **(देविका बाहर जाती है)**

सुखेन : लेकिन ये सिग्नल तो अलग था।

ओंकार : ये उसका अपना तरीक़ा है...उसके खुद के इशारे हैं...

[सुखेन कन्धे उचकाता है। देविका के विमल से बात करने की आवाज़...देविका और विमी हाथों में हाथ डाले अन्दर आते हैं। विमी हँस रहा है]

देविका : विमी, ये है सुखेन...ये घोष की जगह काम करेगा...

विमी : हेलो सुखेन...**(गर्मजोशी से उसकी ओर बढ़ता है)**

सुखेन : हेलो!

[सुखेन रूखेपन से उसे मिलता है। देविका और विमी दूसरे लोगों से पीठ फिराकर दूसरी ओर बैठ जाते हैं]

ओंकार : तुम बग्घी को पहचानते हो विमी...

विमी : हाँ...मैंने उसे दो बार खूब ध्यान से देखा है। एक मील दूर से भी उस बग्घी को पहचान सकता हूँ...मैं उसके एक-एक हिस्से से वाक़िफ हूँ...जैसे उसकी बाईं तरफ वाली खिड़की का सीसा चटखा हुआ है।

बिवान : और पुलिस?

विमी : **(हँसते हुए)** वो तो हर जगह भरी पड़ी है। लेकिन मेरी जान-पहचान

है उनसे...उन्हें खर्चा-पानी देता हूँ मैं...

ओंकार : क्या मदन की ख़बर पक्की है?

विमी : गवर्नर इसी हफ्ते क्लब जाएगा मदन को सही तारीख़ का पता नहीं है। लेकिन वो नीचे चौकीदार के पास ख़बर छोड़ जाएगा। **(देविका की तरफ़ मुड़कर हँसता है)** ओह देविका...क्या क़िस्मत है।

देविका : **(हँसते हुए)** तुम्हारे वो कबाड़ी वाले कपड़े कहाँ गए...? आज तो अच्छे कपड़े पहने हैं। काफी स्मार्ट लगते हो। तुम्हें उस गन्दे से कुर्ते की याद नहीं आती?

विमी : **(हँसते हुए)** वैसे मुझे उसपर काफ़ी नाज़ था। (सुखेन से) पहले मैंने दो महीने कबाड़ियों को काम करते देखा। फिर एक महीने रिहर्सल की। उन्हें कुछ पता नहीं चला। सारे कबाड़ी कहते...इसका जवाब नहीं...ये तो गवर्नर की बग्घी भी कबाड़खाने में खरीदकर ले जाएगा, वो तो इस धन्धे के गुर मुझसे सीखना चाहते थे।

देविका : और तुम हँसते होंगे...

विमी : तुम्हें मालूम है कि ये अपनी हँसी नहीं रोक पाता। ये भेस...ये नई ज़िन्दगी...हँसी आती है मुझे सब पर...

देविका : मैं तो बिलकुल पसन्द नहीं करती इस भेस को...**(अपने कपड़े दिखाते हुए)** ओंकार कोई और भी भेस सोच सकता था मेरे लिए...मैं और एक्ट्रेस नहीं भई...मैं तो सीधी-सादी लड़की हूँ?

विमी : **(हँसता है)** लेकिन तुम इसमें बहुत खुबसूरत लगती हो...

देविका : खूबसूरत...? लगना तो चाहती हूँ, पर अब उस बारे में नहीं सोचना चाहिए।

विमी : देविका...क्यों नहीं...? तुम्हारी आँखें हमेशा कितनी उदास रहती हैं। तुम्हें तो हमेशा खुश रहना चाहिए। दुनिया में खूबसूरती और खुशियाँ हैं...वो तन्हा किनारे जहाँ दिल की बातें...

देविका : **(हँसते हुए)** अक्सर किया करते थे हम...

विमी : ओह देविका...तुम्हें याद हैं वो लाइनें और तुम मुस्करा रही हो...। मैं बहुत खुश हूँ।

सुखेन : **(उसकी बात काटता है)** हम वक़्त बरबाद कर रहे हैं ओंकार...मुझे नीचे जाकर मदन से मिलना चाहिए...

[विमी सुखेन को हैरानी से देखता है]

ओंकार : हाँ...देविका...क्या तुम नीचे जाओगी। और हाँ उसे बख्शीश देना मत भूलना। फिर विवान सामान इकट्ठा करने में तुम्हारी मदद करेगा।

[विवान और देविका जाते हैं। सुखेन मज़बूत क़दमों से ओंकार की ओर बढ़ता है]

सुखेन : बम मैं फेंकना चाहता हूँ।

ओंकार : नहीं सुखेन... इसका फैसला हो चुका है।

सुखेन : प्लीज़ ओंकार...बम मुझे फेंकने दो, तुम जानते हो मेरे लिए इसकी कितनी अहमियत है।

ओंकार : नहीं, तय हो चुका है... **(कुछ देर चुप रहकर)** मैं भी बम नहीं फेंक रहा...मैं भी यहीं इन्तजार करूँगा...मुश्किल है...लेकिन ये नियम है।

सुखेन : लेकिन पहला बम कौन फेंकेगा?

विमी : मैं और दूसरा फेंकेगा विवान...

सुखेन : तुम?

विमी : हाँ, तुम्हें हैरानी होती है...यक़ीन नहीं है मुझ पर।

सुखेन : इसके लिए तजुरबा चाहिए।

विमी : तजुरबा...एक आदमी सिर्फ़ एक ही बार बम फेंक सकता है। दूसरा मौक़ा नहीं मिलता किसी को।

सुखेन : काँपते हुए हाथों से बम नहीं फेंका जा सकता।

विमी : **(अपने हाथ दिखाते हुए)** ये काँपने वाले हाथ लगते हैं तुम्हें? **(सुखेन मुड़ता है)** नहीं...और ना ही ये काँपेंगे...तुम्हें लगता है। सामने गवर्नर हो तो ये हाथ रुक जाएँगे। **(सुखेन मुँह फेर लेता है)** और अगर मेरे हाथ काँपने भी लगे तो भी मैं ख़त्म करने का एक और पक्का तरीका जानता हूँ।

सुखेन : वो क्या?

विमी : मैं बम समेत खुद को घोड़ों के पैरों तले फेंक दूँगा।

[सुखेन कन्धे हिलाकर पीछे जाकर बैठ जाता है]

ओंकार : उसकी जरूरत नहीं पड़ेगी, तुम्हें आर्डर दिया गया है...खुद को बचाने की कोशिश करो। पार्टी को तुम्हारी ज़रूरत है। अगर अपने आपको बचा सकते हो तो बचाओ।

विमी : तो ठीक है ओंकार...मैं जानता हूँ मुझे कितनी इज्ज़त दी जा रही है और मैं वादा करता हूँ कि इस पर ख़रा उतरूँगा।

ओंकार : सुखेन...जब विमी और विवान बग्घी का इन्तज़ार कर रहे होंगे...तो तुम सड़क पर रहना और हर पाँच मिनट के बाद खिड़की के नीचे

चक्कर लगाना...सिग्नल हम बाद में तय कर लेंगे..देविका और मैं यहीं इन्तज़ार करेंगे...और वक़्त आने पर यहाँ से पर्चे बाँटेंगे...अगर क़िस्मत ने साथ दिया तो वो मारा जाएगा।

विमी : **(विजयी भाव से)** हाँ...मैं उसे मारूँगा...और कामयाब हुआ तो कितनी बड़ी जीत होगी...देखा जाए तो गवर्नर तो कुछ भी नहीं, हमें तो उससे भी ऊँचे ओहदे वालों पर हमला करना है।

ओंकार : लेकिन शुरुआत तो हमें गवर्नर से ही करनी होगी।

विमी : और अगर नाकामयाब हुए तो हम भी वही करेंगे...जो जापानियों ने किया।

ओंकार : क्या मतलब?

विमी : जंग के दौरान जापानी कभी भी हार नहीं मानते थे...अपने आपको मार डालते थे।

ओंकार : नहीं...विमी...ख़ुदकुशी की मत सोचो...

विमी : तो फिर? क्या सोचें।

ओंकार : अपनी लड़ाई जारी रखने की।

सुखेन : **(अभी भी पीठ किए हुए)** ख़ुदकुशी करने के लिए आदमी को अपने आप से बहुत प्यार होना चाहिए—एक सच्चा इनक़लाबी अपने आप से प्यार नहीं कर सकता।

विमी : **(तेजी से उसके पास जाकर)** सच्चा इनक़लाबी...तुम इस तरह क्यों पेश आ रहे हो मुझसे। मैंने क्या बिगाड़ा है तुम्हारा?

सुखेन : मुझे ऐसे लोग बिलकुल पसन्द नहीं जो अपनी बोरियत मिटाने के लिए इनक़लाब से खिलवाड़ करते हों।

ओंकार : सुखेन...

सुखेन : **(उठकर उनकी ओर आता है)** हो सकता है ये बातें तुम्हें...चुभें। लेकिन हम यहाँ एक-दूसरे की पीठ ठोंकने के लिए नहीं...बल्कि एक खास मक़सद के लिए हैं।

विमी : **(धीमी आवाज़ में)** तुम अपना गुस्सा मुझपर क्यों उतार रहे हो? मेरी बोरियत की बात किसने कही?

सुखेन : किसी के कहने की ज़रूरत नहीं...इशारे बदलना...कबाड़ियों का सा भेस धरना। कविताएँ पढ़ना। अपने आपको घोड़ों के पैरों तले फेंकने के ख़्वाब देखना...**(सुखेन विमी को ग़ौर से देखता है)** नहीं...मुझे नहीं लगता कि तुम पर आसानी से भरोसा किया जा सकता है।

विमी : **(ऊँची आवाज़ में)** दोस्त, तुम मुझे जानते नहीं...मुझे ज़िन्दगी से प्यार है...और मैं कभी बोर नहीं होता...मैं इनक़लाब में इसलिए

हिस्सा ले रहा हूँ। क्योंकि मुझे ज़िन्दगी से प्यार है।

सुखेन : मुझे ज़िन्दगी से प्यार नहीं...मुझे प्यार है ज़िन्दगी से भी ऊँची चीज़ से इंसाफ से...

विमी : **(अपने आपको रोकने की कोशिश करते हुए)** इंसाफ की सेवा करने का हर एक का अपना तरीका है तुम अपने तरीके से करते हो...मैं अपने से...अपने अलग-अलग तरीक़ों को मान क्यों न लें...और अगर कर सकते हैं तो एक-दूसरे से प्यार करें।

सुखेन : ये नहीं हो सकता...

विमी : **(चिल्लाकर)** तो फिर तुम हमारे साथ क्या कर रहे हो?

सुखेन : मैं यहाँ एक आदमी का क़त्ल करने आया हूँ...उससे प्यार करने या उसकी शख्सियत के अलगाव पर बहस करने के लिए नहीं।

विमी : **(उत्तेजित होकर)** उसका क़त्ल तुम अपने आप नहीं कर सकते। हम सबके साथ मिलकर करना है। कौम की भलाई के लिए। वही तुम्हारे काम को जायज़ ठहराएगा।

सुखेन : मुझे किसी जस्टीफिकेशन की कोई ज़रूरत नहीं...तीन साल पहले वो तमाम जस्टीफिकेशन मिल चुके हैं। मुझे...जेल में...और मैं बिलकुल बरदाश्त...

ओंकार : बन्द करो...। पागल हो गए हो तुम दोनों? भूल गए हो हम लोग कौन हैं? हम सब एक साथ काम कर रहे हैं...बर्बरता को ख़त्म करने के लिए। लोगों को आज़ाद कराने के लिए। हमें इकट्ठे ही क़त्ल करना है। और कोई ताक़त हमें अलग नहीं कर सकती। **(ख़ामोशी... उन्हें देखता है)** मेरे साथ चलो सुखेन...हमें इशारा तय कर लेना चाहिए। **(सुखेन जाता है)** बुरा मत मानो विमी...सुखेन ने बहुत झेला है...मैं बात करूँगा उससे।

विमी : **(चेहरा उतरा है)** उसने मेरी बेइज़्ज़ती की है ओंकार। **(देविका आती है)**

देविका : **(विमी को देखकर)** क्या हुआ?

ओंकार : कुछ नहीं...

[चला जाता है]

देविका : क्या हुआ विमी?

विमी : अभी से ही हम दोनों में झड़प हो गई। सुखेन मुझे पसन्द नहीं करता।

[देविका थोड़ा हटकर बैठती है...ख़ामोशी...। कुछ और वक़्त ऐसे ही।]

देविका : मेरे ख़्याल से वो किसी को भी पसन्द नहीं करता। जब ये सब ख़त्म हो जाएगा तो वो ठीक हो जाएगा। तुम चिन्ता मत करो।

विमी : लेकिन मुझे परेशानी होती है...मुझे तुम सबका प्यार चाहिए। मैंने इस पार्टी के लिए सब कुछ छोड़ दिया है। और अब अगर अपने ही लोग मुँह फेर लेंगे...तो मुझसे बर्दाश्त नहीं होगा। कभी-कभी लगता है वो मुझे नहीं समझते। शायद ग़लती मेरी ही है। मैं कभी-कभी बचपना कर जाता हूँ। सही बात नहीं कह पाता।

देविका : लेकिन वो तुम्हें प्यार करते हैं। समझते हैं तुम्हें सिर्फ़ सुखेन ही तो...

विमी : नहीं देविका मैं जानता हूँ वो क्या सोचता है...घोष भी यही कहता था। 'विमी तो सनकी है वो एक इनक़लाबी नहीं बन सकता।' मैं उन्हें यक़ीन क्यों नहीं दिला पाता कि मैं सनकी नहीं। वो सोचते हैं कि मैं पागल हूँ...जिद्दी हूँ...मैं भी अपनी जान की बाज़ी लगाने को तैयार हूँ, उनकी तरह मैं भी चालाक, घुन्ना, मक्कार और होशियार हो सकता हूँ...सिर्फ़ मुझे अब भी यक़ीन है कि ज़िन्दगी एक ख़ूबसूरत चीज़ है। प्यार खूबसूरती और खुशी...इसीलिए मुझे तानाशाही से नफ़रत है। लेकिन उन्हें कैसे समझाऊँ? इनक़लाब...ही...लेकिन इनक़लाब ज़िन्दगी के लिए ज़िन्दगी को मौक़ा देने के लिए...तुम समझ रही हो न?

देविका : हाँ...समझती हूँ... **(रुककर धीमी आवाज़ में)** लेकिन हम जो दे रहे हैं...वो ज़िन्दगी नहीं है मौत है।

विमी : मौत...? ओह जानता हूँ तुम क्या कहना चाहती हो—लेकिन नहीं...वो अलग चीज़ है। हम एक ऐसी दुनिया बनाने के लिए क़त्ल कर रहे हैं जहाँ कभी क़त्ल न हो।

देविका : ऐसा न हो सका तो?

विमी : नहीं देविका। तुम जानती हो ये मुमकिन नहीं...तब तो सुखेन की बात सही निकलेगी। और हमें खूबसूरती के नाम पर थूकना पड़ेगा।

देविका : मैं पार्टी में तुमसे ज्यादा अरसे से काम कर रही हूँ...और जानती हूँ कि ये सब उतना आसान नहीं जितना तुम सोचते हो...लेकिन तुम में आस्था है और आस्था की ही हमें ज़रूरत है।

विमी : आस्था? **(ख़ामोशी)** नहीं वो सिर्फ़ एक ही आदमी के पास थी।

देविका : तुम्हें अपने आप पर भरोसा है, तुम अपने मक़सद को पाने के लिए किसी भी चीज़ से लड़ सकोगे। तुम पहला बम क्यों फेंकना चाहते थे?

विमी : क्या इनक़लाब में हिस्सा लिए बिना इनक़लाब की बात की जा सकती है।

[चहलकदमी करता है]

देविका : नहीं...

विमी : नहीं...उसके लिए मँझधार में कूदना ही पड़ेगा।

देविका : **(सोचते हुए)** हाँ मँझधार...जब तक आख़िरी छोर तक न पहुँच जाएँ, हमें बस उसी के बारे में सोचना चाहिए। उसी के लिए जरूरत पड़ेगी हिम्मत और हौसले की...

विमी : एक साल से मैंने किसी और चीज़ के बारे में नहीं सोचा। दिन पर दिन...एक-एक घण्टा बस इसी लम्हे का इन्तज़ार करता रहा और अब मैं यह जानता हूँ कि गवर्नर की मौत की जगह पर ही मेरी मौत भी होगी। या तो मैं अपने ख़ून की आख़िरी बूँद तक बहा दूँगा, या फिर बम के धमाके की उस गर्मी में खुद झुलस जाऊँगा...समझीं...मैं क्यों पहला बम फेंकना चाहता हूँ। अपने आदर्शों पर कुर्बान होने के लिए और अपने आपको इसके लायक़ साबित करने का यही एक तरीक़ा है।

देविका : मैं भी इसी तरह मरना चाहती हूँ।

विमी : इससे बड़ी ख़्वाहिश और क्या हो सकती है। पर फिर भी कभी-कभी रात को पुआल के ढेर पर लेटे हुए ये बात मुझे बहुत परेशान रखती है कि उनकी वजह से हमें क़ातिल बनना पड़ा, लेकिन फिर याद आता है कि मैं भी तो मरने वाला हूँ, और फिर सब ठीक हो जाता है...मैं मुस्कराने लगता हूँ। एक बच्चे की तरह और आराम से सो जाता हूँ...

देविका : ऐसा ही होना चाहिए। विमी...क़त्ल करना और वहीं मर जाना...लेकिन मैं सोचती हूँ कि उससे भी बड़ी खुशी है। **(थोड़ी देर ख़ामोशी... विमी उसकी तरफ़ देखता है। देविका नज़रें झुका लेती है)** फाँसी का तख़्ता।

विमी : **(जोश में)** मैंने भी उसके बारे में सोचा है। क़त्ल करके वहीं मर जाना। इसमें कुछ अधूरापन रह जाता है। जबकि उस लम्हे और फाँसी के तख़्ते के बीच आसमाँ जैसी अनन्तता है। शायद यही एक

ऐसी अनन्तता है जिसे आदमी जान सकता है।

देविका : **(विमी का हाथ पकड़ते हुए उत्तेजित आवाज़ में)** यही ख़्याल तुम्हारी आख़िर तक मदद करेगा। जितना कुछ हमें मिल रहा है। हम उससे ज्यादा दे रहे हैं।

विमी : क्या मतलब?

देविका : हमें क़त्ल के लिए मजबूर किया जाता है...नहीं? हम जानते-बूझते ज़िन्दगी की कुरबानी देते हैं, नहीं...? एक अकेली ज़िन्दगी।

विमी : हाँ...

देविका : लेकिन बम फेंकना और फाँसी के तख़्ते पर चढ़ना ये तो दोहरा मरना है। हम एक जान लेते हैं तो दो बार ख़ुद मरते हैं।

विमी : वाकई...ये तो दोहरा मरना है...शुक्रिया...देविका हम पर कोई भी उँगली नहीं उठा सकता। अब मुझे अपने आप पर पूरा यक़ीन हो गया है। **(ख़ामोशी)** क्या बात है देविका? तुम चुप क्यों हो?

देविका : मैं तुम्हारी ज्यादा मदद करना चाहती हूँ...लेकिन...

विमी : लेकिन क्या?

देविका : नहीं...

विमी : यक़ीन नहीं है मुझ पर?

देविका : मुझे अपने आप पर यक़ीन नहीं...जब से घोष मरा है...मेरे दिमाग़ में अजीब से ख़्याल आने लगे हैं...लेकिन क्या मुश्किलें होंगी...ये मुझे नहीं कहना चाहिए...

विमी : मुझे मुश्किलें पसन्द हैं अगर तुम मेरी थोड़ी भी इज्ज़त करती हो तो बताओ मुझे।

देविका : **(उसे देखते हुए)** मालूम है तुम बहुत बहादुर हो...यही बात मुझे परेशान करती है। तुम हँसते हो उत्तेजित होकर अपने आपको कुर्बान करने के लिए आगे बढ़ पड़ते हो। लेकिन कुछ ही घण्टों के बाद तुम्हें सपनों की दुनिया से बाहर आना पड़ेगा, और सच्चाई का सामना करना पड़ेगा। शायद इस बारे में पहले ही बात कर लेना ठीक होगा। ताकि अचानक पीछे हटने की कोई वजह न रहे।

विमी : मैं पीछे नहीं हटूँगा लेकिन तुम क्या कह रही थीं।

देविका : बम फेंकना...फाँसी का तख़्ता...दोहरी मौत...ये सब आसान है...लेकिन जब तुम वहाँ खड़े होगे, **(उसे देखती है)** और उसे देखोगे?

विमी : किसे?

देविका : गवर्नर को...

विमी : हाँ...ज्यादा से ज्यादा एक लम्हे के लिए...

देविका : उसी एक लम्हे में तुम उसे देखोगे...ओह विमी...बेहतर यही है कि तुम अभी से जान लो आदमी आख़िर आदमी होता है, हो सकता है गवर्नर की आँखों में बहुत दयालुता हो...उसे अपने आप से मुस्कराता देखो...एक भोली सी मुस्कान...या शायद कौन जानता है तुम्हें उसके गाल पर कोई निशान दिखाई दे जाए जो बचपन के वक़्त का हो, और उस लम्हे उसने तुम्हारी ओर देखा...

विमी : लेकिन मैं उसे नहीं...बल्कि तानाशाही का क़त्ल करूँगा।

देविका : हाँ, जानती हूँ, तानाशाही को ख़त्म करना ही है... मैं बम तैयार करती हूँ...और जब ट्यूब के पेंच कसे जाते हैं तो वही एक लम्हा है...जब आपकी नसें तनाव से फटने लगती हैं, लेकिन मुझे एक अजीब सी ख़ुशी होगी...मैं तो गवर्नर को जानती नहीं लेकिन मेरे लिए इतना आसान न होता अगर वो ट्यूब के पेंच कसते हुए मेरे सामने बैठकर मुझे देख रहा होता लेकिन तुम उसे देखोगे...वो तुम्हारे बहुत नज़दीक होगा...एक या दो गज़ के फ़ासले पर...

विमी : **(उत्तेजित)** मैं उसे नहीं देखूँगा।

देविका : क्यों...अपनी आँखें बन्द कर लोगे...?

विमी : नहीं, लेकिन भगवान की दया से उसी वक़्त मेरी नफ़रत भड़ककर मुझे अन्धा बना देगी...

[घण्टी बजती है...एक बार...वो दोनों हिलते-डुलते नहीं, सुखेन और विवान अन्दर आते हैं, हाल से कुछ आवाज़ें, ओंकार आता है]

ओंकार : **(कुछ रुककर)** मदन था...गवर्नर क्लब जा रहा है...कल...**(सबकी तरफ़ देखता है)** सब कुछ तैयार है न देविका?

देविका : **(धीरे से)** हाँ...**(जाती है)**

विमी : **(देविका को जाते देखता है फिर सुखेन की ओर मुड़कर...हौले से)** मैं उसका क़त्ल करूँगा...ख़ुशी से...

[पर्दा गिरता है]

दूसरा अंक

[दृश्य वही...। अगले रोज़ शाम का वक़्त। ओंकार खिड़की से बाहर देख रहा है...देविका मेज़ के पास है]

ओंकार : विमी और विवान तैयार हैं, सुखेन ने अभी-अभी सिगरेट जलाई है।

देविका : गवर्नर किस वक़्त गुज़रेगा...

ओंकार : किसी भी मिनट...सुनो...ये बग्घी की आवाज़ नहीं है क्या? नहीं...

देविका : सब्र करो...ओंकार, बैठ जाओ।

ओंकार : बम का क्या होगा?

देविका : बैठ जाओ...अब हम और कुछ नहीं कर सकते।

ओंकार : कर सकते हैं...उनसे ईर्ष्या।

देविका : तुम्हारी जगह यहीं है...तुम इन्चार्ज हो।

ओंकार : हाँ...मैं हूँ...लेकिन विमी ज़्यादा अच्छा है। शायद वही अकेला...

देविका : ख़तरा सबके लिए बराबर है...जो बम फेंकता है उसके लिए भी...और जो नहीं फेंकता उसके लिए भी...

ओंकार : वैसे देखा जाए तो ख़तरा उतना ही है...लेकिन आज तो विवान और विमी ही सबसे आगे हैं। ओह मैं जानता हूँ कि मुझे उनके पास होनें का हक नहीं है। लेकिन शायद पीछे रहने की ज़िम्मेदारी ज़्यादा ही आसानी से ओढ़ लेता हूँ मैं...शायद खुद बम फेंकने से बचे रहना ज़्यादा आसान है।

देविका : तो क्या हुआ? ज़रूरी ये है कि अपना फर्ज़ आख़िर तक पूरा कर दिया जाए।

ओंकार : ओह...तुम कितनी शान्त लग रही हो...

देविका : मैं शान्त नहीं हूँ...बहुत डरी हुई हूँ। तीन साल से मैं पार्टी के साथ हूँ, दो साल से बम बना रही हूँ, जो कुछ कहा गया, मैंने किया...कभी पीछे नहीं हटी।

ओंकार : बेशक...देविका।

देविका : और उन तीनों साल...मैं डरी...एक लिजलिजा सा डर... परेशान करता रहा मुझे...पीछा तभी छूटता था जब नींद आ जाती थी। और जैसे ही नींद खुली फिर वही डर इन्तज़ार करता हुआ बिस्तर के सिरहाने...मुझे उसकी आदत डालनी पड़ी...मुझे जितना ज़्यादा डर लगता...मैं उतना ही शान्त होने की कोशिश करती। लेकिन ये कोई फ़ख़्र की बात नहीं।

ओंकार : फ़ख़्र की बात है...मुझे देखो...मैंने कभी किसी चीज़ पर पूरी तरह काबू नहीं पाया...जानती हो...कभी-कभी मुझे बीते दिनों का अफसोस होता है, ख़ुशहाल ज़िन्दगी...ख़ूबसूरत औरतें...और वो रात-रात भर की महफिलें।

देविका : जानती हूँ ओंकार...मुझे तुम्हारी यही बात अच्छी लगती है...तुममें अब भी दिल तो है बेशक उसे खुशियों की तलब लगे फिर भी ऐसे ठण्डेपन से तो बेहतर है जो आपके तमाम जज़्बातों को जड़ कर देता है।

ओंकार : देविका...क्या कह रही हो...तुमसे ऐसी बातें...

देविका : **(एकाएक खड़ी होती...बग्घी के जाने की आवाज़)** सुनो...**(ख़ामोशी)** नहीं...ये वो नहीं...मेरा दिल धक्-धक् कर रहा है...देखा...अभी भी कितना कुछ सीखना है मुझे।

ओंकार : **(खिड़की के पास जाकर)** एक मिनट...सुखेन इशारा कर रहा है, वही है...आ रहा है वो...**(बग्घी की आवाज़ नज़दीक आती है और खिड़की के नीचे से गुज़र जाती है। एक लम्बी ख़ामोशी)** बस चन्द लम्हों में...**(फिर से ख़ामोशी)** उफ़ वक़्त कैसे रेंगता है...हुआ क्या?**(देविका सहम जाती है, लम्बी ख़ामोशी)** फिर मन्दिर की घण्टियों की ध्वनि...उफ् अब तक तो विमी को बम फेंक देना था। बग्घी तो क्लब पहुँच चुकी होगी। और विवान...वो देखो...सुखेन वापस क्लब की तरफ़ भाग रहा है...

देविका : **(ओंकार को पकड़ते हुए)** विमी को गिरफ़्तार कर लिया है...उन्होंने गिरफ्तार कर लिया है उसे...ओह...ओंकार...हमें कुछ करना चाहिए।

ओंकार : ठहरो...**(ध्यान से सुनता है)** ओह...तो यह बात है...

देविका : लेकिन ये कैसे हुआ...जब विमी ने कुछ किया ही नहीं तो उसे गिरफ्तार कैसे किया? वो इसके लिए तैयार था...जानती हूँ वो तैयार था...उसे चाहिए थी जेल...और फाँसी...लेकिन वो तो गवर्नर को मारने के बाद...इस तरह नहीं इस तरह नहीं...**(ओंकार बाहर झाँकता है)**

ओंकार : विवान है...जल्दी...(**देविका भागती है...दरवाज़ा खोलती है–विवान परेशान सा खड़ा है**) क्या हुआ विवान...क्या हुआ?

विवान : मैं नहीं जानता...मैं तो पहले बम का इन्तज़ार कर रहा था...मैं...मैंने बग्घी को चौराहा पार करते देखा...और कुछ नहीं हुआ...मैं घबरा गया...मैंने सोचा शायद ऐन मौक़े पर प्लान बदल दिया गया है...मैं हिचकिचाया...और...और...वापस यहाँ भाग आया...

ओंकार : और विमी को क्या हुआ?

विवान : मैंने तो उसे देखा भी नहीं।

देविका : उसे गिरफ्तार कर लिया गया है।

ओंकार : (**खिड़की से झाँकते हुए**) नहीं...वो रहा...

[विमी अन्दर आता है...आँखें डबडबायी हुई, चेहरा आँसुओं से भरा है]

विमी : मुझे माफ कर दो...मैं नहीं कर पाया...

[देविका उसके पास जाकर उसका हाथ पकड़ लेती है]

देविका : ठीक है...विमी...ठीक है...

ओंकार : हुआ क्या?

देविका : चिन्ता मत करो विमी...ऐसा कई बार होता है...ऐन मौके पर सब गड़बड़ा जाता है।

ओंकार : नहीं...मुझे यक़ीन नहीं हो रहा...

देविका : उसे छोड़ दो...तुम अकेले नहीं हो विमी...घोष भी पहली बार बम नहीं फेंक पाया था।

ओंकार : क्या तुम डर गए?

विमी : (चौंककर) डर...? नहीं...हमें कोई हक़ नहीं है कि...

[घण्टी बजती है...तय किए सिग्नल के मुताबिक़...सब स्थिर हो जाते हैं। हज़ारिका इशारा करता है। विवान बाहर जाता है। विमी टूट चुका है। ख़ामोशी...सुखेन आता है]

ओंकार : तो...?

सुखेन : गवर्नर की गाड़ी में बच्चे थे...

ओंकार : बच्चे...

सुखेन : हाँ...उसका भतीजा और भतीजी।

ओंकार : मदन ने तो कहा था कि गवर्नर अकेला होगा?

सुखेन : उसकी बीवी भी थी...मेरे ख़्याल से ये सब हमारे कवि के लिए बहुत बड़ा बोझ होगा। शुक्र है कि पुलिस को कुछ पता नहीं चला।

[ओंकार चुपके से सुखेन से कुछ कहता है। सब विमी को देख रहे हैं...जो सुखेन को देख रहा है।]

विमी : **(भौचक्का-सा)** मैंने कभी नहीं सोचा था कि ये सब इस तरह होगा...बच्चे...नहीं बच्चे नहीं...तुमने कभी किसी बच्चे को देखा है। उसकी ईमानदार और पाक़ साफ आँखों को पता नहीं...मैं उनका सामना नहीं कर सकता। एक लम्हा पहले मैं कितना ख़ुश था...उस गली के मोड़ पर खड़ा हुआ...जैसे ही मैंने बग्घी की रोशनी दूर से चमकती देखी...मेरे दिल की रफ़्तार तेज़ हो गई, ख़ुशी से...हाँ...ख़ुशी से...जैसे-जैसे पहियों की आवाज़ पास आती गई मेरे दिल की रफ़्तार भी बढ़ती गई। जी चाहा ख़ुशी से हवा में उड़ने लगूँ। मैं हँस रहा था...और कहता जाता था...हाँ...हाँ...तुम समझते हो? **(सुखेन की ओर से नज़रें मोड़ता है और उदास हो जाता है)** जैसे ही बम फेंकने के लिए भागा...मैंने बच्चों को देखा...वो हँस नहीं रहे थे। एकदम गम्भीरता से सामने ताक रहे थे। कितने ग़मग़ीन लग रहे थे...अपने क़ीमती कपड़ों में लिपटे...घुटनों पे हाथ रखे। दो तस्वीरों की तरह जिन्हें खिड़कियों में जड़ दिया गया हो। मैंने गवर्नर की बीवी को नहीं देखा...सिर्फ़ उन्हें...अगर वो उस वक़्त मेरी तरफ़ देखते तो मैं ज़रूर बम फेंक देता...और कुछ नहीं तो उनकी आँखों से उदासी मिटाने के लिए...लेकिन वो सिर्फ़ सामने ही ताकते रहे...सिर्फ़ सामने...**(बारी-बारी से सबको देखता है...ख़ामोशी...टूटी आवाज़ में।)** मैं नहीं बता सकता। उस वक़्त मुझे क्या हुआ। मेरे हाथ अकड़ गए...मेरे घुटने काँपने लगे...और एक ही पल में बहुत देर हो चुकी थी। **(ख़ामोशी...नीचे की ओर देखता है)** देविका...क्या मैं सपना देख रहा था...या सचमुच मैंने मन्दिर की घण्टियाँ सुनीं।

देविका : नहीं विमी...तुम सपना नहीं देख रहे थे।

[अपना हाथ उसकी बाँह पर रखती है। विमी सबको अपनी ओर घूरते हुए देखकर सर उठाता है। खड़ा होता है।]

विमी : घूरो मुझे...हाँ-हाँ...घूरो न...लेकिन मैं डरपोक नहीं हूँ...मैं घबराया नहीं था...ओंकार...बस मुझे उनकी उम्मीद नहीं थी। सब कुछ इतनी जल्दी हुआ। वो दो गम्भीर चेहरे और मेरे हाथ का घिनौना बोझ...मैं उसे फेंकने ही वाला था। बिलकुल सीधे...उसकी तरफ़। लेकिन नहीं कर पाया...**(सबकी ओर देखता है। सब ख़ामोश हैं)** कॉलेज के दिनों में जब मैं घुड़सवारी किया करता था तो पागलों की तरह अपने घोड़े को दौड़ाता...बेपरवाह...सिर्फ़ एक ही डर लगता था। कोई बच्चा अचानक घोड़े की टापों से न कुचल जाए। ज़मीन से टकरा कर फूटा हुआ एक छोटा-सा सिर मेरी आँखों के आगे कौंध जाता...**(रोने लगता है)** मेरी मदद करो...मदद करो मेरी...**(ख़ामोशी)** मैं खुदकुशी करने जा रहा था। मैं इसलिए वापस आया कि मेरी ज़िन्दगी पर पार्टी का हक़ है। तुम्हीं लोग फ़ैसला करोगे...बोलो...मैं सही था या ग़लत...लेकिन तुम तो कुछ नहीं कहते। **(छटपटाता है...देविका जाकर उसके कन्धे पर हाथ रखती है। वो सबको देखता है)** अगर तुम्हारा फ़ैसला है कि उन बच्चों को मरना ही होगा तो मैं क्लब जाकर उनका इन्तज़ार करूँगा और बाहर निकलते ही बम फेंक दूँगा और वादा करता हूँ कि इस बार चूकूँगा नहीं...बस तुम लोग तय कर लो। मैं वही करूँगा जो तुम लोग तय करोगे...

सुखेन : पार्टी ने तुम्हें गवर्नर को क़त्ल करने का हुक्म दिया था।

विमी : हाँ...लेकिन बच्चों को क़त्ल करने का नहीं।

ओंकार : विमी ठीक कह रहा है। हमें इसकी बिलकुल उम्मीद नहीं थी।

सुखेन : हुक्म मानना उसका फर्ज़ था।

ओंकार : मैं इन्चार्ज था। मुझे हर पहलू पर पहले ही ग़ौर कर लेना था। ग़लती मेरी है। अब हमें ये तय करना है कि इस मौक़े को छोड़ देना चाहिए या विमी को क्लब के बाहर इन्तज़ार करने को कहना चाहिए...विवान?

विवान : मुझे मालूम नहीं। मेरे ख़्याल से मैं भी वही करता जो विमी ने किया। मुझे अपने आप पर भरोसा नहीं। **(धीमी आवाज़ में)** मेरे हाथ काँप रहे हैं।

ओंकार : देविका?

देविका : **(उत्तेजित)** मैं भी विमी की तरह रुक जाती...मैं किसी और को वो सब करने को कैसे कह सकती हूँ। जो खुद नहीं कर पाती।

सुखेन : तुम लोगों को अहसास भी है कि इस फ़ैसले का क्या मतलब है? दो महीने की कमरतोड़ मेहनत...वो डर...। दो महीने...सब बेकार...नगेन की गिरफ्तारी किसलिए? महेन्द्र को फाँसी किसलिए?

क्या हमें फिर से शुरुआत करनी होगी। रोज़-रोज़ का तनाव...बेचैन रातें...वो ख़ाके...वो नक्शे...वो योजनाएँ...जब तक हमें एक और मौक़ा न मिले...तुम सबका दिमाग़ ख़राब हो गया है क्या?

ओंकार : तुम अच्छी तरह जानते हो कि दो दिन बाद गवर्नर फिर क्लब जाने वाला है।

सुखेन : दो दिन...इन दो दिनों में कभी भी पकड़े जाने का ख़तरा। तुमने खुद ही कहा था।

विमी : मैं जा रहा हूँ।

देविका : नहीं...ठहरो...**(सुखेन से)** सुखेन...सच...सच बताओ। क्या तुम निशाना बाँधकर एक मासूम बच्चे पर बम फेंक सकते हो...जान-बूझकर...

[सुखेन आँखें बन्द कर लेता है।]

सुखेन : अगर पार्टी तय करे तो...हाँ...

देविका : तो फिर आँखें क्यों बन्द कर ली थीं तुमने?

सुखेन : क्या? मैंने...?

देविका : हाँ...

सुखेन : तो फिर इसलिए कि मैं उस नज़ारे को और भी सजीव बना सकूँ।

देविका : आँखें खोलो सुखेन और समझने की कोशिश करो...अगर हम ये मानने को तैयार हो जाएँ...एक ही लम्हे के लिए कि बच्चों को बम से उड़ा देना चाहिए...तो पार्टी से सारा यक़ीन उठ जाएगा।

सुखेन : माफी चाहता हूँ। लेकिन मैं इन जज़्बातों का शिकार नहीं हूँ। जिस दिन तक इस कोरी भावुकता से छुटकारा नहीं पाया जाता उस दिन तक हमारा इनक़लाब क़ामयाब नहीं हो सकता।

देविका : जब तक वो दिन आएगा तब तक इनक़लाब से तमाम इन्सानियत को नफ़रत हो चुकी होगी।

सुखेन : इससे कुछ फ़र्क़ नहीं पड़ता। अगर हम इन्सानियत से प्यार कर सकें। इनक़लाब को जबरन इन्सानियत के क़रीब ला सकें। इन्सानी क़ौम को अपने ही आप से बचा सकें।

देविका : अगर तमाम इन्सानी क़ौम भी इनक़लाब को नकार दे तब? जिन लोगों के लिए तुम लड़ रहे हो। वो अपने बच्चों का यूँ मारा जाना बरदाश्त न करें तब? क्या उन पर भी वार करने लगोगे?

सुखेन : हाँ...अगर ज़रूरत पड़े तो...तब तक वार करता रहूँगा...जब तक उनकी समझ में न आ जाए...मैं भी उनसे प्यार करता हूँ।

देविका : इसे प्यार नहीं कहते...

सुखेन : कौन कहता है...

देविका : मैं...

सुखेन : तुम एक औरत हो...तुम्हारे लिए जो प्यार का मतलब है वो बकवास है...तुम प्यार का मतलब नहीं जानतीं।

देविका : (उत्तेजित) कम से कम शर्म के मायने ज़रूर जानती हूँ।

सुखेन : शर्म? एक बार...ज़िन्दगी में सिर्फ़ एक बार मुझे शर्म का मतलब समझ आया था। जब मुझे कोड़े लगे थे...हाँ...मुझे कोड़े लगे थे...जानती हो कैसा लगता है...वीरा मेरे साथ थी। उसने ख़िलाफत में अपनी जान दे दी। लेकिन मैं ज़िन्दा रहा। अब मुझे किसी बात पर शर्म क्यों आए?

ओंकार : हम सब तुम्हें चाहते हैं सुखेन। तुम्हारे इस तरह सोचने की कुछ भी वजह रही हो। लेकिन तुम्हें ये नहीं कहना चाहिए कि सभी कुछ जायज़ है। हममें से हज़ारों ने अपनी जान दी है यही साबित करने के लिए कि सब कुछ जायज़ नहीं है।

सुखेन : कोई भी काम जो हमें हमारा मक़सद हासिल करवा सके...जायज़ है।

ओंकार : (गुस्से से) क्या विदेशियों से मिलकर दोहरी चाल चलना भी जायज़ है जैसाकि इन्दर कह रहा था...?

सुखेन : अगर ज़रूरत पड़े तो...हाँ।

ओंकार : (उठते हुए) तुमने हमारे लिए और हमारे साथ बहुत कुछ किया है सुखेन। इसलिए जो कुछ भी तुमने अभी कहा, हम उसे भूलने के लिए तैयार हैं। और हमारा सवाल अभी भी वही है कि हमें उन बच्चों पर बम फेंकना चाहिए या नहीं?

सुखेन : बच्चे...फिर वही सवाल...बच्चे...। तुम नहीं समझते इसका क्या मतलब है? क्योंकि विमी ने उन दो अंग्रेज बच्चों को नहीं मारा। इसलिए हज़ारों हिन्दुस्तानी बच्चे सदियों तक भूखे मरते रहेंगे। देखा है कभी भूख से बिलबिलाकर मरते हुए बच्चों को। मैंने देखा है। और बम से मारे जाना उसकी तुलना में काफी आरामदेह है। लेकिन विमी...तुमने सिर्फ़ गवर्नर के पालतू पिल्ले देखे हैं। तुम्हें दिखता नहीं कि क्या होगा? या तुम सिर्फ़ आज के लिए ही ज़िन्दा हो? अगर ऐसा है तो करते रहो। दान-पुण्य में लगे रहो। हर छोटे-मोटे दुखड़े को मिटाने में लगे रहो। लेकिन इस इनक़लाब में दख़ल मत हो। जो हर चीज़ का इलाज है। आज और आने वाले वक़्त का भी।

देविका : विमी गवर्नर का क़त्ल इसलिए करेगा कि वो दिन और क़रीब आ

सके जब किसी बच्चे को भूखा न मरना पड़े। ये भी कोई आसान काम नहीं है। गवर्नर के बच्चों का क़त्ल करने से एक भी बच्चे को भूख से मरने से नहीं बचाया जा सकता। इनक़लाब का भी सही और ग़लत तरीक़ा होता है। और सीमाएँ भी।

सुखेन : (**उत्तेजित**) कोई सीमा नहीं होती। इसके माने सिर्फ़ यही हैं कि तुम लोग इनक़लाब में यक़ीन नहीं रखते। (**सब उठ जाते हैं सिवाय विमी के**) नहीं...नहीं रखते...कोई भी नहीं। अगर इसमें तुम्हारा पूरा यक़ीन होता। अगर तुम सचमुच समझते कि हमारी कुर्बानियाँ हमारे ही एक ऐसे देश की नींव होंगी...जहाँ कोई जुल्म न हो। यक़ीनन तब तुम्हें लगता कि हर चीज़ जायज़ है। जो उस दिन को नज़दीक ला सके। अगर तुम उन बच्चों को नहीं मारते तो इसका यही मतलब है कि तुम्हें खुद इस इनक़लाब पर यक़ीन नहीं। (**ख़ामोशी**) विमी उठता है।

विमी : मैं अपने आप से शर्मिन्दा हूँ...सुखेन...लेकिन तुम्हें और नहीं सुन सकता। मैं जुल्म को मिटाने के लिए क़त्ल करने को तैयार हूँ। लेकिन तुम्हारी बातों के पीछे मुझे एक अलग ही क़िस्म का वहशीपन दिख रहा है। और अगर सत्ता हाथ में आ जाए तो ये मुझे भी एक क़ातिल बना डालेगी। मैं जिस चीज़ के लिए लड़ता हूँ। वो है इंसाफ।

सुखेन : सवाल ये है कि इंसाफ होता रहे। चाहे इंसाफ के लिए लड़कर...या क़ातिल बनकर...तुम्हारी या मेरी कोई अहमियत नहीं है।

विमी : हाँ...है...और तुम जानते हो। चाहे अपने गुरूर की वजह से कबूल न करो।

सुखेन : मेरा गुरूर मेरा जाती मामला है। लेकिन आदमी का गुरूर उसकी बग़ावत। उसके ख़िलाफ की गई नाइंसाफी...इसी बात से हम सबका ताल्लुक है।

विमी : आदमी सिर्फ़ इंसाफ पर ज़िन्दा नहीं रहता?

सुखेन : जब उसे रोटी न मिले तो किस चीज़ पर ज़िन्दा रह सकता है।

विमी : इंसाफ और ईमानदारी के बूते पर...

सुखेन : ईमानदारी? मैं ख़ूब अच्छी तरह जानता हूँ इसे...लेकिन फिर भी अपनी और दूसरों की आँखे बन्द रहना ही मुनारिब समझता हूँ। ताकि एक दिन इसके माने तमाम दुनिया में एक से हों।

विमी : अगर वो तमाम चीज़ें झुठला दी जाएँ जिनसे ज़िन्दा रहने की चाह हो सकती है। तो यक़ीन कर पाना मुश्किल होगा कि वो दिन आएगा।

सुखेन : मुझे यक़ीन है।

विमी : नहीं...इतना आसान नहीं है। यक़ीन कर पाना तुम सही हो या मैं...ये जानने के लिए तीन पुश्तों की कुर्बानी देनी होगी। काफ़ी जंग लड़ी जा चुकी होगी और बेशुमार इनक़लाब हो चुके होंगे। और जब तक इतना खून ज़मीन में समाएगा...हम और तुम राख़ हो चुके होंगे।

सुखेन : तब दूसरे आएँगे...मैं उन्हें अपना भाई समझूँगा...

विमी : **(चिल्लाकर)** लेकिन मुझे उन लोगों से प्यार है जो आज ज़िन्दा हैं। उसी ज़मीन पर चलते हैं जहाँ मैं उन्हीं के लिए लड़ रहा हूँ और उन्हीं के लिए अपनी जान देने को तैयार हूँ। किसी अनजान दुनिया के लिए मैं अपने ही इर्द-गिर्द के लोगों का क़त्ल नहीं करूँगा। किसी मुर्दा इंसाफ के लिए, हमारे आसपास मौजूद नाइंसाफी के खाते में और नाइंसाफी नहीं जोड़ूँगा। **(कुछ शान्त लेकिन दृढ़ता से)** मैं तुम्हें एक ऐसी बात बताना चाहता हूँ...जो हर मामूली आदमी भी जानता है। बच्चों का क़त्ल करना इंसानी मर्यादा के ख़िलाफ है। और अगर इनक़लाब उस मर्यादा से नाता तोड़ता है तो मैं उस इनक़लाब से ही नाता तोड़ लूँगा। अगर तुम्हारा फ़ैसला है कि मुझे करना ही है तो मैं जाऊँगा। क्लब के बाहर उनका इन्तज़ार करूँगा। लेकिन उसके बाद अपने आपको घोड़ों की टापों तले कुचल डालूँगा।

सुखेन : मर्यादा उनकी बपौती है जो छः घोड़ों वाली बग्घी रखने की औक़ात रखते हैं।

विमी : नहीं, बल्कि यही एक चीज़ ग़रीबों की दौलत है। तुम जानते हो, और ये भी जानते हो कि इनक़लाब की भी मर्यादा है, और हम सब उसकी ख़ातिर कुर्बान होने के लिए तैयार हैं। सुखेन जब तुम कोड़ों से पिट रहे थे, तो उसी मर्यादा ने तुम्हारा सिर झुकने नहीं दिया।

सुखेन : **(चिल्लाकर)** उसके बारे में कुछ मत कहना...मैं तुम्हें आगाह कर रहा हूँ।

विमी : **(गुस्से से काँपते हुए)** मैंने तुम्हें इजाज़त दी कहने की कि मुझे इनक़लाब में यक़ीन नहीं। दूसरे शब्दों में मैं गवर्नर का क़त्ल बेवजह कर रहा था। और यह कि मुझमें और एक आम क़ातिल में कोई फ़र्क़ नहीं। मैंने तुम्हें वो सब कहने की इजाज़त दी। शुक्र है कि मेरे हाथ नहीं उठे।

ओंकार : विमी...

सुखेन : ज़रूरत पड़ने पर क़त्ल न करना भी बेवजह क़त्ल करने के

बराबर है।

ओंकार : हम तुमसे सहमत नहीं हैं सुखेन। हमने फ़ैसला कर लिया है।

सुखेन : तो मुझे मंजूर है तुम्हारा फ़ैसला। लेकिन एक बार फिर कहूँगा कि भावुकता की कोई जगह नहीं है इनक़लाब में। हम क़ातिल हैं और यही होना हमने क़बूल किया है।

ओंकार : विमी...सुखेन...हमने तय कर लिया है बच्चों का क़त्ल करना कोई मक़सद नहीं रखता। हमें दोबारा से शुरुआत करनी होगी और दो दिन के अन्दर तैयार होना पड़ेगा।

सुखेन : और अगर वो बच्चे फिर वहाँ हुए तो?

विमी : तो फिर हम तीसरे मौक़े का इन्तज़ार करेंगे।

सुखेन : और अगर गवर्नर की बीवी उसके साथ हुई तो?

विमी : तो उसे मैं नहीं छोड़ूँगा।

ओंकार : सुनो...

[बग्घी की आवाज़ सुनाई देती है। विमी खिड़की की तरफ़ खिंचा चला जाता है। बाकी इन्तज़ार करते हैं। बग्घी की आवाज़ खिड़की के नीचे से गुज़रकर ग़ायब हो जाती है।]

विवान : (**देविका को देखते जो उसकी ओर बढ़ती है**) हाँ देविका! हमें फिर से शुरुआत करनी होगी।

सुखेन : (**व्यंग्य से**) हाँ विवान! फिर से...हमें अपने क़ीमती आदर्शों के लिए कुछ तो करना ही है।

[पर्दा गिरता है]

तीसरा अंक

[दृश्य वही...दो दिन के बाद...शाम का वक़्त]

सुखेन : विवान कर क्या रहा है? अब तक तो उसे यहाँ होना चाहिए था।

ओंकार : शायद कुछ और नींद से उसे फ़ायदा हो...अभी भी आधा घण्टा है हमारे पास।

सुखेन : मैं नीचे जाकर देखूँ कोई ख़बर आई हो तो?

ओंकार : नहीं! हमें बेकार में ख़तरा मोल नहीं लेना चाहिए...**(ख़ामोशी)** तुम इतने ख़ामोश क्यों हो सुखेन?

सुखेन : मेरे पास कुछ कहने को है ही नहीं...तुम मेरी चिन्ता मत करो...**(दो बार घण्टी की आवाज़)** लो आ गया।

[विवान आता है]

ओंकार : नींद आई...

विवान : हाँ! थोड़ी-बहुत...

ओंकार : पूरी रात नहीं?

विवान : नहीं।

ओंकार : तुम्हें नींद पूरी करनी चाहिए थी। अपने आपको सुलाने के तरीके होते हैं।

विवान : मैंने कोशिश की थी...पर...मैं बहुत थका हुआ हूँ।

ओंकार : तुम्हारे हाथ काँप रहे हैं?

विवान : नहीं...नहीं काँप रहे...**(सब उसकी ओर देख रहे हैं)** मुझे इस तरह क्यों घूर रहे हो? मैं थका हुआ हूँ बस।

ओंकार : सवाल ये नहीं। हमें तुम्हारी चिन्ता है।

विवान : **(एकदम गुस्से से)** ये तुम्हें दो दिन पहले सोचना चाहिए था। अगर उस दिन बम फेंक देते तो अब ये थकान तो न सहनी पड़ती।

विमी : मुझे अफसोस है विवान। सारी ग़लती मेरी है। मैंने सबको मुसीबत

में डाल दिया है।

विवान : (**कुछ शान्त होकर**) क्या मतलब मुसीबत! मैं थका हुआ हूँ...बस...

देविका : ख़ैर...अब ज़्यादा देर नहीं लगेगी। एक घण्टे में ये सब ख़त्म हो जाएगा।

विवान : हाँ! सब ख़त्म हो जाएगा...एक घण्टे में। (**चारों ओर देखता है। देविका उठकर उसका हाथ पकड़ती है। वो हाथ खींच लेता है।**) ओंकार...मैं तुमसे कुछ बात करना चाहता हूँ।

ओंकार : अकेले में?

विवान : हाँ! अकेले में...

[सब एक-दूसरे की ओर देखते हैं। विमी, देविका और सुखेन चले जाते हैं।]

ओंकार : क्या बात है? (**ख़ामोशी**) विवान...बताओ मुझे...

विवान : मुझे शर्म आ रही है ओंकार (**ख़ामोशी**) मैं बहुत शर्मिन्दा हूँ...लेकिन तुम्हें सच बताना चाहता हूँ।

ओंकार : तुम बम नहीं फेंकना चाहते...यही न?

विवान : मैं कोशिश करने पर भी अपने आपको तैयार नहीं कर पा रहा।

ओंकार : तुम्हें डर लग रहा है, यही न! बस यही...इसमें शर्मिंदगी की कोई बात नहीं।

विवान : हाँ...मुझे डर लगता है...और मैं शर्मिंदा हूँ।

ओंकार : लेकिन परसों तुम कितने खुश थे। कितने शान्त। जब यहाँ से गए थे, तो तुम्हारी आँखें चमक रही थीं।

विवान : मुझे हमेशा डर लगता रहा। परसों मैंने हिम्मत बटोर ली थी। जब दूर से बग्घी की आवाज़ सुनी तो अपने आप से कहा 'बस एक मिनट और' मैंने दाँत भींच लिए। मेरे जिस्म की हर एक रग तनाव से फटी जा रही थी। अगर उस वक़्त बम फेंक देता तो मुझे यक़ीन है कि बम फेंकने के ज़ोर से ही गवर्नर मर जाता...लेकिन मैं पहले धमाके का इन्तज़ार करता रहा। जिससे सब कुछ शुरू होता। और फिर कुछ भी नहीं हुआ। वो धमाका हुआ ही नहीं। बग्घी मेरे पास से गुज़र गई। इतनी तेज़ कि पलक झपकते ही आँखों से ओझल हो गई...और तब मुझे एहसास हुआ कि विमी ने बम नहीं फेंका था। मेरा बदन ठण्डा हो गया। सारी ताक़त जैसे ख़त्म हो गई।

ओंकार : चिन्ता मत करो विवान...तुम्हारी ताक़त लौट आएगी।

विवान : दो दिन गुज़र चुके हैं। लेकिन अभी तक नहीं लौटी। मैंने अभी-अभी

झूठ बोला था। मैं पूरी रात सो नहीं पाया। मेरा दिल धड़क रहा है। मैं हार गया ओंकार...

ओंकार : तुम्हें हारना नहीं है विवान। हम सब इस दौर से गुज़रे हैं। तुम अब बम मत फेंको। कुछ दिन आराम करो। बाद में आ जाना।

विवान : नहीं, ये इतना आसान भी नहीं है। मैं जानता हूँ ओंकार। अगर मैंने आज बम नहीं फेंका तो फिर कभी नहीं फेंक पाऊँगा।

ओंकार : तुम क्या करोगे फिर?

विवान : मैं कमेटी का काम करता रहूँगा। लेकिन मैं इनक़लाब के लिए बना ही नहीं...मुझे अब अहसास हुआ। बेहतरी इसी में है कि मैं तुम लोगों का साथ छोड़ दूँ।

ओंकार : लेकिन ख़तरा तो कमेटी के काम में भी है।

विवान : हाँ...हाँ...लेकिन उसमें आप आँखें बन्द किए रहते हैं आपको पता नहीं चलता...उसी से सारा फ़र्क़ पड़ता है।

ओंकार : क्या मतलब?

विवान : (उत्तेजित) क्या हो रहा है...तुम्हें देखना नहीं पड़ता। मीटिंग में जाओ...प्लान बनाओ। आर्डर दो। ये सब काफ़ी आसान है। ज़िन्दगी का ख़तरा होता है...जानता हूँ लेकिन तुम्हारे और असलियत के बीच एक पर्दा-सा पड़ा रहता है। लेकिन जब अँधेरा होता है तो नीचे सड़क पर जाकर खड़े रहना मुश्किल होता है। ऐसे लोगों की भीड़ के बीच जो थके-हारे घर लौटने की जल्दी में होते हैं...जिनके बीवी-बच्चे घर पर उनका इन्तज़ार कर रहे होते हैं। वहाँ खड़े रहना...चुपचाप ख़ामोश बम का बोझ अपनी जेब में महसूस करते हुए। ये जानते हुए कि सिर्फ़ तीन मिनट या फिर दो...या कुछ ही लम्हों में तुम्हें किसी चमचमाती बग्घी को अपना निशाना बनाना पड़ेगा। यही इनक़लाब है। और मैं जानता हूँ कि कँपकँपाते हाथों...डर और दहशत के बिना, मैं कभी भी ये शुरू नहीं कर सकता। हाँ...मैं शर्मिन्दा हूँ...और मैं बहुत दूर की सोच बैठा था। मुझे मेरी क़ाबलियत के मुताबिक़ ही काम करना था। कोई मामूली-सा काम। मैं उसी के लायक हूँ।

ओंकार : कोई भी काम मामूली नहीं होता। हमारे सारे रास्ते जेल और फाँसी तक ही ले जाते हैं।

विवान : हाँ! लेकिन वो तुम्हें घूर तो नहीं रहे होते...जिस आदमी को तुम्हें मारना है वो ठीक तुम्हारे सामने खड़ा होता है। जेल और फाँसी की आप सिर्फ़ कल्पना करते हैं। और शुक्र है कि मुझमें कल्पना करने

की ताक़त ही नहीं। **(हँसता है फिर नर्वस होकर)** मुझे आज तक यक़ीन नहीं हुआ कि खुफ़िया पुलिस भी कोई चीज़ है...है न! हँसी की बात? एक इनक़लाबी के लिए। लेकिन जब मेरे पेट पर पहला घूँसा पड़ेगा तो मुझे अहसास होगा कि वो है...उससे पहले नहीं।

ओंकार : और जब तुम जेल में होगे? वहाँ तो तुम्हें मानना ही पड़ेगा...असलियत को क़बूल करना ही पड़ेगा।

बिबान : जेल में कोई फैसले नहीं लेने पड़ते। यही तो फ़र्क़ है। बार-बार अपने आप से यह नहीं कहना पड़ता कि "अब तुम पर है...फ़ैसला तुम्हें करना है। अब तुम बम फेंकोगे।" मुझे गिरफ़्तार कर लिया गया तो मैं भागने की कोशिश नहीं करूँगा। भागने के लिए आपको फैसला करना पड़ता है। पहल करनी पड़ती है। अगर आप नहीं भागते तो वो पहल करते हैं। सारा काम उन्हें करना होता है।

ओंकार : हाँ...तुम्हें फाँसी देने का।

विवान : **(निराश)** लेकिन इस तरह मरना आसान है। बनिस्वत अपनी और किसी और की ज़िन्दगी का बोझ ढोना...और दोनों के खात्मे का फ़ैसला करना। खुद...नहीं ओंकार। अपने आपको बचाने का एक ही तरीका है...अपनी कमियों को पहचाना जाए...बुजदिल भी इनक़लाब में मदद कर सकते हैं। पता सिर्फ़ इतना लगाना होता है कि किस तरह।

ओंकार : बुजदिल तो असल में हम सब होते हैं। ये तो सिर्फ़ मौक़े की बात है। तो अब तै हो गया। फ़ैसला तुम्हें करना है।

विवान : मैं अभी ही चला जाऊँगा। मेरे ख़्याल से मैं उन सबको मुँह नहीं दिखा पाऊँगा। तुम उन्हें बता दोगे ना?

ओंकार : हाँ! बता दूँगा।

[विवान की ओर जाता है।]

विवान : विमी से कहना...उसकी गलती नहीं थी और कहना कि मैं उससे प्यार करता हूँ। जैसा कि तुम सबसे...

[ख़ामोशी...ओंकार उससे गले मिलता है]

ओंकार : अलविदा...विवान...सब ठीक हो जाएगा। एक दिन वतन खुशहाल होगा।

विवान : हाँ...ओंकार...

[दरवाज़े तक जाते हैं। विवान का प्रस्थान]

ओंकार : आ जाओ तुम लोग...

[सब अन्दर आते हैं]

सुखेन : क्या बात थी?

ओंकार : विवान बम नहीं फेंकेगा...वो थका हुआ है और गड़बड़ कर सकता है।

विमी : ग़लती मेरी है...है न ओंकार...

ओंकार : उसने कहा कि वो तुम्हें बहुत प्यार करता है।

विमी : क्या हम उससे दोबारा मिलेंगे।

ओंकार : शायद, लेकिन कुछ दिन वो हमारे साथ नहीं रहेगा।

सुखेन : क्यों?

ओंकार : वो कमेटी के ज़्यादा काम आ सकता है।

सुखेन : क्या उसने खुद जाने के लिए कहा?

ओंकार : नहीं! ये मेरा ही फ़ैसला था।

सुखेन : तो तुम ऐन मौक़े पर एक आदमी को हटा रहे हो।

ओंकार : मुझे अकेले ही फ़ैसला लेना था। बहसबाजी का वक़्त नहीं था। मैं विवान की जगह लूँगा। **(सुखेन कुछ कहने को होता है)** नहीं सुखेन।

सुखेन : आप हमारे लीडर हैं ओंकार...यहाँ रहना आपका फ़र्ज़ है।

ओंकार : कभी-कभी लीडर का फ़र्ज़ होता है कि वो बुजदिल बना रहे—बशर्ते कि वक़्त आने पर अपना हौसला दिखा पाए। मैंने फ़ैसला कर लिया है सुखेन जब ज़रूरत पड़ेगी तो तुम मेरी जगह लोगे। अब आओ और अपना काम समझ लो।

[दोनों जाते हैं...विमी बैठता है। देविका हाथ बढ़ाए उसकी ओर जाती है फिर हाथ खींच लेती है।]

देविका : तुम्हारी कोई ग़लती नहीं है विमी...

विमी : मैंने उसे बहुत दुख पहुँचाया है...बहुत...याद है वो क्या कह रहा था उस दिन?

देविका : वो तो बार-बार यही कह रहा था कि कितना ख़ुश है।

विमी : हाँ...उसने कहा था दुनिया में हमें छोड़कर और कोई ख़ुशी नहीं उसके लिए। आज पार्टी ही सब कुछ है। और हम ही पार्टी हैं। हम ही नया सच हैं। ओह देविका क्या ये सब होना ज़रूरी था?

देविका : वो वापस आएगा।

विमी : नहीं...मैं जानता हूँ...अगर मैं उसकी जगह होता तो क्या करता। खिसियाहट में कुछ भी कर बैठता।

देविका : और अब...क्या तुम अब नहीं खिसिया रहे।

विमी : **(डूबे स्वर में)** इस वक़्त? मैं तुम्हारे साथ हूँ और ख़ुश हूँ...जैसे वो था।

देविका : **(धीमे स्वर में)** हाँ! कितनी अच्छी है ये ख़ुशी...

विमी : हाँ...बहुत बड़ी...क्या तुम्हें ऐसा नहीं लगता!

देविका : फिर तुम इतने उदास क्यों हो? दो दिन पहले तुम्हारा चेहरा चमक रहा था और आज...

विमी : **(उठते हुए, असमंजस में)** आज...आज मैं एक ऐसी बात जानता हूँ जो दो दिन पहले नहीं जानता था। तुम ठीक कहती थीं देविका...ये सब इतना आसान नहीं है। मैं सोचता था क़त्ल करना आसान है। उसके लिए आदर्श और हिम्मत काफ़ी है। लेकिन मैं इतना महान नहीं और आज जान गया हूँ कि नफ़रत से कोई ख़ुशी नहीं मिलती...मैं अपने आपमें और दूसरों में एक अजीब-सा घिनौनापन देख रहा हूँ। क़त्ल, बुजदिली और नाइंसाफी...मुझे उसका क़त्ल करना ही है। क़त्ल करूँगा और आख़िर में तमाम नफ़रतों से ऊँचा उठ जाऊँगा।

देविका : ऊँचा...उससे ऊँचा तो कुछ भी नहीं।

विमी : है...वहाँ प्यार है...

देविका : प्यार? नहीं प्यार की कोई ज़रूरत नहीं।

विमी : देविका...ये तुम कह रही हो?

देविका : कितना ख़ून-ख़राबा...कितनी हैवानियत है यहाँ...जिनके दिलों में इंसाफ की तमन्ना होती है। उन्हें प्यार करने का कोई हक़ नहीं होता। वे मेरी तरह होते हैं। सर ऊँचा किए...नज़रें मंज़िल की तरफ़...ऐसी हालत में प्यार की गुंजाइश कहाँ है...प्यार सिर नीचे झुका देता है। हमारे सिर ऊँचे रहने चाहिए।

विमी : लेकिन हम अपने देशवासियों से प्यार करते हैं।

देविका : हाँ! उन्हें प्यार करते हैं...एक ऐसा प्यार जिसकी कोई जड़ें नहीं। गमग़ीन प्यार...हम उनसे कितने कटे हैं...अपने-अपने दड़बों में बन्द...अपने ख़्यालों में खोए हुए क्या वो हमें प्यार करते हैं। नहीं! वो तो कुछ भी नहीं कहते...एक शब्द भी नहीं।

विमी : लेकिन यही तो प्यार के असली माने हैं बिना किसी चाहत के अपना

सब कुछ दे देना।

देविका : शायद...यह अटूट प्यार...यह सच्ची और वीरान खुशी...मुझे इससे जलन हो रही है। कभी-कभी सोचती हूँ कि प्यार के माने कुछ और तो नहीं...क्या ये वक़्त यूँ ही गुज़र जाएगा। बिना किसी जवाब के...मैं तसव्वुर करती हूँ प्यार की...सूरज उगता है। सिर धीरे-धीरे झुक जाते हैं। दिल से घमण्ड निकलकर बाँहें फैल जाती हैं...ओह विमी...अगर हम सिर्फ़ एक घण्टे के लिए ही सही...इस दुनिया के दुख-दर्द भूलकर अपने आपको आज़ाद छोड़ दें...सिर्फ़ थोड़ा-सा वक़्त अपने-आप के लिए...तुमने कभी सोचा है इस बारे में...?

विमी : हाँ देविका...! सीधे...सादे तौर से इसी को प्यार कहते हैं।

देविका : तुम मन की बात जान जाते हो। इसे कहते हैं प्यार...लेकिन क्या तुम इसे वाकई में समझते हो? क्या तुम इंसाफ को प्यार से चाहते हो...**(विमी चुप है)** तुम अपने देशवासियों को इसी खुले दिल से... इसी प्यार से चाहते हो...या फिर बदले और विद्रोह की आग में झुलसने की वजह से...**(विमी अब भी चुप है)** और मुझे...मुझे तुम प्यार से चाहते हो...

[विमी उसे देर तक देखता रहता है...फिर कुछ देर बाद]

विमी : जिस तरह से मैं तुम्हें प्यार करता हूँ और कोई नहीं कर सकता।

देविका : जानती हूँ...लेकिन औरों की तरह प्यार करना अच्छा नहीं होता?

विमी : मैं औरों की तरह नहीं हूँ...मैं जैसा हूँ, तुमसे प्यार करता हूँ।

देविका : तुम मुझे इंसाफ से भी ज़्यादा...पार्टी से भी ज़्यादा प्यार करते हो?

विमी : मैं तुम्हें, पार्टी को और इंसाफ को अलग-अलग नहीं समझता।

देविका : अच्छा...मुझे बताओ...तुम मुझ अकेली को प्यार करते हो। दिल से...अपनी मानकर। और अगर मैं नाइंसाफी करूँ तो क्या तब भी मुझे प्यार करोगे तुम?

विमी : अगर तुम नाइंसाफ़ी करो...और फिर भी मैं तुम्हें प्यार करूँ...तो वो तुम नहीं कोई और ही होगी।

देविका : तुम मेरी बात का जवाब नहीं दे रहे। मुझे सिर्फ़ इतना बताओ कि अगर मैं पार्टी में न होती तो क्या तब भी मुझे प्यार करते?

विमी : पार्टी में नहीं तो कहाँ होतीं?

देविका : मुझे वो दिन याद आ रहे हैं जब मैं पढ़ती थी। मैं हँसती रहती थी। तब मैं ख़ूबसूरत भी थी। घण्टों घूमती और सपने देखती रहती। अगर मैं वैसी ही चंचल और लापरवाह होती तो भी क्या तुम मुझे

प्यार करते?

विमी : **(हिचकिचाते हुए धीमे स्वर में)** हाँ कहने के लिए कितना बेचैन हूँ मैं।

देविका : **(ऊँचे स्वर में)** तो फिर कहो ना हाँ! अगर ये सच है और तुम ऐसा सोचते हो। कहो ना...इंसाफ के ख़िलाफ भी..., दुख, बदहाली और गुलामी के चंगुल में जकड़े लोगों के बावजूद। मैं तुमसे मिन्नत करती हूँ...बच्चों के तड़पने, लोगों के फांसी पर चढ़ाने और मौत तक कोड़ों से मारे जाने के बावजूद।

विमी : बस देविका...बस करो...

देविका : नहीं। कम से कम एक बार तो दिल की भड़ास निकलनी चाहिए। मैं तरस रही हूँ कि तुम मुझे बुलाओ...देविका को...कि तुम मुझे इस नाइंसाफी से...इस दुनिया से छुटकारा दिलाओ।

विमी : चुप रहो। मेरा दिल तुम्हारे लिए तड़पता है...सिर्फ़ तुम्हारे लिए। लेकिन अब से कुछ ही देर बाद मुझे ठण्डेदिमाग़ और सधे हुए हाथों की ज़रूरत पड़ेगी।

देविका : **(भौचक्की-सी)** इसी वक़्त...? हाँ मैं भूल गई थी। **(अजीब रोती-सी हँसी)** नहीं...तुम ठीक कह रहे...गुस्सा मत होओ...मैं दिमाग़ से बात नहीं कर रही थी। बहुत थक गई हूँ। मैं खुद भी ये नहीं कह सकती। मैं तुम्हें उसी तरह से प्यार करती हूँ जो इंसाफ की राह पर चलने और एक मक़सद के लिए जेल जाने में होती है। तुम्हें गर्मियों के दिन याद हैं विमी...मगर नहीं। यह तो अनन्त सर्दियाँ हैं। हम इस दुनिया के नहीं...हम तो इंसाफ पसन्द हैं...**(पलटकर)** आह...तरस आता है...इंसाफ पसन्दों पर...

विमी : **(उसे हताशा से देखते हुए)** हाँ! हमारे हिस्से में यही है। प्यार...नामुमकिन है। लेकिन मैं गवर्नर को मारूँगा और फिर हमें सुकून मिलेगा तुम्हें और मुझे...

देविका : सुकून...कब मिलेगा हमें सुकून?

विमी : **(आवेश में)** कल ही...

[ओंकार और सुखेन आते हैं...विमी और देविका एक-दूसरे से दूर हट जाते हैं]

ओंकार : विमी...

विमी : मैं तैयार हूँ...**(गहरी साँस लेकर)** आख़िरकार...आख़िरकार।

सुखेन : **(विमी की ओर आते हुए)** अलविदा...दोस्त...मैं तुम्हारे साथ हूँ।

विमी : अलविदा सुखेन...**(देविका की ओर मुड़कर)** अलविदा देविका...

[देविका उसकी ओर आती है...वे दोनों एक-दूसरे के काफ़ी क़रीब हैं लेकिन छूते नहीं]

देविका : नहीं! अलविदा नहीं...हम फिर मिलेंगे...**(वो उसे देखता रहता है—ख़ामोशी)**

विमी : फिर मिलेंगे...देविका मैं...मैं...हिन्दुस्तान एक खूबसूरत देश होगा...देविका।

देविका : **(आँसू भरी आँखों से)** हाँ बहुत ख़ूबसूरत।

[विमी ताबीज़ निकालकर चूमता है। एड़ियों पर मुड़ता है एक सिपाही की तरह और ओंकार के साथ चला जाता है। सुखेन खिड़की के पास जाता है। देविका दरवाज़े को ताकती खड़ी रहती है]

सुखेन : कितना ग़रूर है उसकी चाल में। उस पर भरोसा न रखना मेरी ग़लती थी। मुझे लगता था उसके जोश में एक बचकानापन है। उसने जाने से पहले उस ताबीज़ को क्यों चूमा? क्या वो भगवान में यक़ीन रखता है?

देविका : वो मन्दिर वग़ैरह तो नहीं जाता।

सुखेन : लेकिन भगवान है उसके जेहन में। यही फ़र्क़ है हम दोनों में। मेरी हालत उससे भी ख़राब है। मुझ जैसे जो भगवान में यक़ीन नहीं रखते, उनके लिए इंसाफ और नाइंसाफ के बीच वाली दशा नहीं होती।

देविका : विमी के लिए है।

सुखेन : उसका दिल कमज़ोर है लेकिन हाथ मज़बूत हैं। वो उसका क़त्ल कर देगा। मैं जानता हूँ और वही ज़रूरी है। हमें तबाही करनी है, तुम कुछ कहतीं क्यों नहीं? **(उसे ध्यान से देखता है)** प्यार करती हो उससे? **(ख़ामोशी)**

देविका : प्यार के लिए वक़्त चाहिए। हमारे पास तो इंसाफ के लिए भी वक़्त नहीं।

सुखेन : ठीक कहती हो...बहुत कुछ करना बाक़ी है। इस हकूमत को तहस-नहस करना है। और उसके बाद...**(खिड़की के बाहर देखते हुए)** वो दिख भी नहीं रहे। वहाँ पहुँच गए होंगे।

देविका : और उसके बाद...

सुखेन : हम सब एक-दूसरे से प्यार करेंगे...

देविका : अगर ज़िन्दा रहे तो!

सुखेन : तब दूसरे लोग एक-दूसरे से प्यार करेंगे...बात वही है। **(ख़ामोशी)**

देविका : सुखेन...बोलो...'नफरत'।

सुखेन : क्या?

देविका : मैं सिर्फ़ तुमसे ये शब्द सुनना चाहती हूँ 'नफ़रत'।

सुखेन : नफ़रत।

देविका : हाँ, ठीक है! विमी कभी ये ठीक से नहीं बोल पाता था।

सुखेन : **(कुछ ख़ामोशी के बाद उसके पास आते हुए)** समझा...तुम मुझसे नफ़रत करती हो। तुम्हें यक़ीन है कि तुम सही हो। **(ख़ामोशी...फिर उत्तेजित होते हुए)** तुम सब एक जैसे हो...मैं किसी चीज़ से प्यार नहीं करता। नफ़रत करता हूँ...हाँ...सबसे...मैं किसी का क़ीमती प्यार क्यों माँगने लगा? तीन साल पहले उसकी निशानियाँ मिल चुकी हैं मुझे...और तुम चाहती हो कि मैं जज़्बातों की रौ में बहकर उस बम को पूजा के फूलों की तरह उठाकर चलूँ। नहीं! मैंने बहुत दुनिया देखी है। ये देखे हैं **(अपनी क़मीज फाड़ता है। देविका भयभीत, कोड़ों के निशान देखती है। दूर हट जाती है)** ये रहे उनके प्यार के निशान अब? अब भी नफ़रत करती हो मुझसे।

[वो उसके पास आती है और अचानक उसे गले लगा लेती है]

देविका : दर्द सहनेवाले से कौन नफ़रत कर सकता है। मैं तुम्हें भी प्यार करती हूँ।

सुखेन : **(उसे देखता है...बुदबुदाता है)** मुझे माफ़ कर दो देविका। **(ख़ामोशी...दूसरी ओर मुड़ता है)** शायद मैं बहुत थक गया हूँ, इतने सालों की लड़ाई..., तनाव, पुलिस के जासूसों का डर, जेल और अन्त में **(घावों की ओर इशारा करता है)** ये प्यार करने की ताक़त कहाँ से आती? कम-से-कम नफ़रत करने की ताक़त तो है। कुछ भी न महसूस कर पाने से तो बेहतर है!

देविका : हाँ बेहतर है।

[उसे देखता है...सात बजने का घण्टा]

सुखेन : **(एकदम से मुड़कर)** गवर्नर जाने ही वाला होगा। **(देविका खिड़की की तरफ़ भागती है सिर टेक देती है। लम्बी ख़ामोशी...दूर से**

बग्घी की आवाज़ करीब आती है और खिड़की के नीचे से गुज़रती है) काश...वो अकेला हो...**(आवाज़ धीमी होती है...धमाका...देविका चौंकती है। सिर हाथों में भींच लेती है...ख़ामोशी)** ओंकार ने अपना बम नहीं फेंका। विमी ने कर ही दिया...हम जीत गए, हिन्दुस्तान के लोग।

[देविका रोती हुई, सुखेन से लिपट जाती है]

देविका : हमीं ने मारा है उसे, हमीं ने मारा है उसे...मैंने मारा है।
सुखेन : **(चिल्लाकर)** किसे मारा है? विमी को?
देविका : गवर्नर को।

[पर्दा गिरता है]

चौथा अंक

[जेल की एक कोठरी। सुबह का वक़्त। विमी कोठरी के अन्दर है। दरवाज़े को ताकता हुआ। एक सिपाही एक क़ैदी को अन्दर धकेलता आता है...जो हाथ में बाल्टी उठाए है।]

सिपाही : चल...जल्दी कर...

[सिपाही खिड़की के पास जाकर खड़ा हो जाता है। फ़ज़ल सफ़ाई करने लगता है...बिना किसी को देखे...। ख़ामोशी।]

विमी : क्या नाम है तुम्हारा दोस्त?

फ़ज़ल : फ़ज़ल।

विमी : तुम क़ैदी हो?

फ़ज़ल : ऐसा ही जान पड़ता है।

विमी : क्या किया था तुमने?

फ़ज़ल : कुछ लोगों का क़त्ल।

विमी : क्या भूख के मारे।

सिपाही : मैंने कहा धीरे बात करो। तुम्हें बात करने की इजाज़त नहीं है...फिर भी अपनी आवाज़ धीमी रखो।

विमी : क्या भूख की वजह से?

फ़ज़ल : नहीं! प्यास की।

विमी : क्या हुआ था?

फ़ज़ल : अ...वहाँ! एक कुल्हाड़ी पड़ी थी। मैंने तीन लोगों का क़त्ल कर दिया। ये यही कहते हैं (**विमी फ़ज़ल को देखता है**) क्यों?...बड़े बाबू, अब आप मुझे दोस्त नहीं कह रहे? भाव बढ़ गए क्या?

विमी : नहीं, मैंने भी क़त्ल किया है।

फ़ज़ल : कितनों का?

विमी : जानना चाहते हो तो बता दूँगा। लेकिन तुम बताओ तुम्हें अपने किए पर अफ़सोस है न।

फ़ज़ल : अफ़सोस? बीस साल एक लम्बा अरसा है किसी को भी अफ़सोस होने लगेगा।

विमी : बीस साल...मैं यहाँ तेईस की उम्र में आया हूँ जाते-जाते बाल सफ़ेद हो जाएँगे।

फ़ज़ल : शायद तुम्हारे साथ इतना बुरा न हो। इन जजों का कोई भरोसा नहीं। सब कुछ इस बात पर मुनस्सर करता है कि वो शादी-शुदा है या नहीं। उसकी बीवी कैसी है? और फिर तुम तो बाबू हो। हम साले ग़रीबों जैसी हालत नहीं होती तुम्हारी, तुम बच जाओगे।

विमी : मुझे शक है। फिर मैं बचना भी नहीं चाहता। बीस साल तक शर्मिन्दग़ी का बोझ मुझसे बर्दाश्त नहीं होगा।

फ़ज़ल : शर्मिन्दग़ी...? तुम जैसे बाबू ही ऐसा सोच सकते हैं। कितनों को मारा?

विमी : एक आदमी को।

फ़ज़ल : सिर्फ एक? अरे ये तो कुछ भी नहीं।

विमी : मैंने गवर्नर की हत्या की है।

फ़ज़ल : गवर्नर...? या खुदा...फिर वही बाबुओं वाली बात...फिर तो तुम वाकई मुसीबत में हो...नहीं?

विमी : हाँ, लेकिन मुझे ये करना ही था।

फ़ज़ल : क्यों? उसके दफ़्तर में काम करते थे? उसकी बीवी के साथ...क्यों...? कैसा था? हाँ, वैसे देखने में भी अच्छी-खासी सूरत है!

विमी : मैं इनक़लाबी पार्टी का मेम्बर हूँ।

सिपाही : धीरे बोलो...

विमी : (और ज़ोर से) मैं इनक़लाबी पार्टी का मेम्बर हूँ।

फ़ज़ल : ये भी ख़ूब...! आख़िर तुम्हें ये सब करने की क्या ज़रूरत थी। जहाँ थे वहीं रहते। ये दुनिया तुम जैसे बाबुओं के लिए तो बनी ही है।

विमी : नहीं! दुनिया तुम्हारे लिए बनी है दोस्त! आज दुनिया में कितना गुनाह, कितना नाइंसाफ है। जब हिन्दुस्तान आज़ाद होगा तो गुनाह कम हो जाएँगे। अगर आज़ादी होती हो तुम यहाँ नहीं होते।

फ़ज़ल : हो सकता है। लेकिन एक बात पक्की है। कोई आज़ाद हो या न हो, ज़्यादा दारू पीने का कोई फ़ायदा नहीं।

विमी : सो तो है! लेकिन आदमी दारू तभी पीता है जब उसे बहुत सताया

जाए। एक दिन आएगा **जब** दारू का कोई मतलब नहीं होगा। न ग़रीबों के लिए न बाबुओं के लिए। हम सब भाई-भाई होंगे और इंसाफ हम सबके दिलों को पाक और साफ कर देगा (**रुककर**) समझ रहे हो न। मैं क्या कह रहा हूँ।

फ़ज़ल : हाँ...हाँ...खुदाई हकूमत की बात कर रहे हो।

सिपाही : धीरे बोलो...इतना ऊँचा नहीं...तुम काम करो अपना।

फ़ज़ल : जो लोग गवर्नरों का क़त्ल करते हैं उनका क्या होता है?

विमी : फाँसी...।

फ़ज़ल : हाँ...फाँसी...

[बाहर जा रहा है। सिपाही हँस रहा है।]

विमी : ठहरो...आख़िर हुआ क्या है? मैंने कुछ किया क्या?

फ़ज़ल : तुमने नहीं...बात ये है कि मुझे तुम जैसे शरीफ आदमी को बेवकूफ़ नहीं बनाना चाहिए मेरा मतलब वक़्त काटने के लिए यूँ ही बतियाना ठीक है...लेकिन अगर तुम्हें फाँसी होने वाली है तो...मतलब कुछ ठीक सा नहीं लगता।

विमी : क्यों?

सिपाही : (**हँस रहा है**) हाँ, हाँ, अब बता दे उसे...

फ़ज़ल : ये सब...तुम्हारा और मेरा दोस्त होना ठीक नहीं है...मैं जल्लाद हूँ।

विमी : तुमने तो कहा, तुम मेरी तरह क़ैदी हो...

फ़ज़ल : हाँ...हूँ...लेकिन उन्होंने मुझे जल्लाद का काम भी दिया है। हर फाँसी के लिए मेरी सज़ा एक साल कम हो जाती है...मुझे क्या?

विमी : मतलब, तुमने जो क़त्ल किए हैं, उनकी क़ीमत अदा करने के लिए, तुमसे नए क़त्ल करवाए जाते हैं।

फ़ज़ल : नहीं...ये क़त्ल नहीं है—मैं तो हुक्म मान रहा हूँ।

विमी : तुमने कितनों को फाँसी दी है?

फजल : दो...

[विमी झिझकता है। सिपाही फ़ज़ल को दरवाज़े की ओर धकेलता है।]

विमी : तो तुम जल्लाद हो...है न।

फ़ज़ल : (**दरवाज़े में से**) और बाबू तुम...तुम क्या हो...?

[फ़ज़ल और सिपाही का प्रस्थान, पैरों की आवाज़ और

कुछ ऑर्डर सुनाई देते हैं। पुलिस चीफ़ का प्रवेश...पीछे-पीछे सिपाही]

चीफ़ : **(सिपाही से)** तुम जा सकते हो। नमस्ते, तुम मुझे नहीं जानते...हैं न? मैं तुम्हें जानता हूँ **(हँसता है)** काफ़ी चर्चा है तुम्हारी। **(विमी चुप है)** ओह, तुम बात नहीं करना चाहते, है न? मैं समझ सकता हूँ। अकेले काल कोठरी में एक हफ़्ता आदमी को थका देता है। ख़ैर...चलो अब ऐसा नहीं होगा। अब से तुम्हारे पास मिलने वाले आ सकते हैं। बल्कि एक को तो तुम्हारे पास भेज ही चुका हूँ। बूढ़ा फ़ज़ल...अजीब आदमी है। नहीं? मैंने सोचा शायद तुम्हें दिलचस्प लगे। एक हफ्ते क़ैदखाने में अकेले रहने के बाद किसी आदमी की शक्ल देखना तुम्हें अच्छा लगा होगा। नहीं।

विमी : ये उस आदमी की शक्ल पर है।

चीफ़ : हाँ...सो तो है...देखता हूँ तुम काफ़ी आज़ाद ख़याल हो...अगर मैं भूल नहीं कर रहा तो मेरी शक्ल भी तुम्हें अच्छी नहीं लगी।

विमी : हाँ...।

चीफ़ : अफसोस! फिर भी मुझे उम्मीद है, तुम अपना ख़्याल बदल लोगे। एक तो इस तहख़ाने में रोशनी ठीक से नहीं आती। इससे सबकी सूरत घिनौनी-सी लगने लगती है। और फिर तुम मुझे जानते भी नहीं...कभी-कभी पहली मुलाक़ात में किसी-किसी की शक्ल अजीब लगती है। पर बाद में...जब आप उसे ठीक से जानने लगते हैं तो...

विमी : कौन हो तुम...

चीफ़ : चीफ़ ऑफ़ पुलिस।

विमी : सरकारी पिल्ला।

चीफ़ : तुम्हारी ख़िदमत में। तुम्हारी जगह मैं होता तो ख़ुद पर इतना गुमान न करता। लेकिन तुम सीख जाओगे। तुम इंसाफ की माँग करके ख़ुद ही तो पुलिस फोर्स बनाते हो। मैं हकीक़त से कतराता नहीं। मैं साफ-साफ बात करूँगा। तुम मुझे दिलचस्प लगते हो। हम तुम्हारी ज़िन्दगी बख़्शने को तैयार हैं।

विमी : क्या मतलब।

चीफ़ : बात साफ है! तुम्हारी ज़िन्दगी तुम्हें वापस दी जा सकती है।

विमी : ज़िन्दगी माँगी किसने है तुमसे?

चीफ़ : ज़िन्दगी माँगी नहीं जाती। मिल जाती है...क्या तुमने कभी किसी को ज़िन्दगी नहीं बख़्शी। ज़रा सोचो...

विमी : मुझे तुम्हारी दी हुई ज़िन्दगी नहीं चाहिए—बात ख़त्म।

चीफ़ : कम से कम मेरी बात तो सुनो। मैं तुम्हारा दुश्मन नहीं, न ही तुम्हारे ख़्यालों को ग़लत मानता हूँ। सिर्फ़ जब वो क़त्ल जैसे गुनाह पर उतर आते हैं तो।

विमी : (**उसे देखकर**) उस शब्द का इस्तेमाल मत करो।

चीफ़ : तुम ज़्यादा ही टेन्स हो**...** है न। मैं सचमुच तुम्हारी मदद करना चाहता हूँ।

विमी : मेरी मदद! मैंने जो कुछ भी किया है मैं उसकी क़ीमत अदा करने को तैयार हूँ। तुम और तुम्हारी दोस्ती की मुझे कोई ज़रूरत नहीं। निकल जाओ यहाँ से।

चीफ़ : जिन आरोपों का तुम्हें सामना करना पड़ेगा।

विमी : कौन से आरोप? मैं जंगी क़ैदी हूँ। एक मुजरिम नहीं।

चीफ़ : ठीक है, लेकिन नुकसान तो किया गया है न? राजनीति को छोड़ो एक आदमी मारा गया है और वो भी बहुत ही घिनौनी तरह से**...**

विमी : मैंने तानाशाहों पर बम फेंका था**...**किसी आदमी पर नहीं।

चीफ़ : बेशक, लेकिन फिर भी एक आदमी को मारा तो**...**और ये भी बता दूँ कि वो कोई ख़ूबसूरत नज़ारा नहीं था। जब उन्हें लाश मिली तो सर ग़ायब था**...**एकदम ग़ायब। जो पहचाना जा सकता था वो था एक बाजू और एक पैर**...**।

विमी : मैंने तो सिर्फ़ उसे सज़ा दी थी।

चीफ़ : शायद, इस इन्साफ़ का कोई तुम्हें दोष नहीं दे रहा। इन्साफ़ आख़िर है क्या? सिर्फ़ एक शब्द ऐसा शब्द जिस पर आप घण्टों बहस कर सकते हैं। तुम पर जो आरोप है**...**जानता हूँ तुम्हें ये शब्द पसन्द नहीं। यो आरोप है कि तुमने बहुत बचकाने तरीक़े से काम किया। इसमें कोई शक नहीं। गवर्नर की बीवी से पूछ लो। कितना ख़ून था वहाँ**...**जानते हो**...**कितना ख़ून**...**

विमी : ख़ामोश हो जाओ**...**

चीफ़ : ठीक है**...**मैं सिर्फ़ इतना कहना चाहता हूँ। अगर तुम्हारा कहना यही है कि तुमने सिर्फ़ एक सज़ा दी थी। और तुम्हारी पार्टी ही है। जिसने गवर्नर को सज़ा सुनाई थी**...**और ये कि उसके क़त्ल का जिम्मेदार एक नाम नहीं, एक विचार है। तो तुम्हें माफी की कोई ज़रूरत नहीं। लेकिन अगर हम सच्चाई देखें तो। अगर हम ये कहें कि तुम विमल कुमार उर्फ विमी**...**तुम्हीं ने गवर्नर के जिस्म के टुकड़े-टुकड़े किए हैं**...**फिर तो मामला एकदम बदल जाता है। है

न। तब तुम्हें माफ़ी की ज़रूरत पड़ेगी और उसी में मैं तुम्हारी मदद करना चाहता हूँ। सिर्फ़ इसलिए क्योंकि हम सख़्तदिल नहीं। **(मुस्कराता है)** मुझसे और क्या उम्मीद रखते हो? मुझे विचारों से नहीं लोगों से मतलब है।

विमी : **(चिल्लाकर)** तुम और तुम्हारी सरकार मुझ पर कोई असर नहीं डाल सकती। तुम मेरा ख़ून कर सकते हो। लेकिन मुझ पर फ़ैसला नहीं सुना सकते...। जानता हूँ क्या चाहते हो तुम। उम्मीद करते हो कि मैं शर्मिन्दा महसूस करने लगूँगा, रोने लगूँगा, पछताने लगूँगा। तुम्हें वो सब यहाँ नहीं मिलेगा। मैं क्या हूँ उसका तुमसे कोई लेना-देना नहीं। तुम्हारा मक़सद हमारी नफ़रत से है—उसके बारे में जो चाहो कर सकते हो।

चीफ़ : नफ़रत? वो भी सिर्फ़ एक विचार है। लेकिन क़त्ल करना कोरा विचार नहीं...एक काम है। घिनौना काम। और उसका अंजाम तो भुगतना ही होगा। मेरा मतलब सज़ा से है। **(ख़ामोशी...चीफ़ धीरे-धीरे विमी की ओर बढ़ता है)** याद करो गवर्नर का वो सर...। तब तुम्हारी समझ में आएगा कि सिर्फ़ आदर्श और विचार ही काफ़ी नहीं। तुम्हें अपने किए पर शर्म महसूस होगी। तभी तुम अपने आपको बचा सकोगे...।

विमी : अगर मैं ये सब करने को तैयार हो जाऊँ तो?

चीफ़ : माफ़ी! तुम्हें और तुम्हारे दोस्तों को...।

विमी : क्या उन्हें गिरफ्तार कर लिया गया है?

चीफ़ : नहीं...अभी नहीं। अगर तुम ज़िन्दा रहने का फ़ैसला करते हो तो कर लिया जाएगा।

विमी : मैं समझा नहीं।

चीफ़ : तुम समझ गए हो। गुस्सा छोड़ो...और ठीक से सोचो। तुम्हारे आदर्श उनको हमारे हवाले नहीं करने देंगे। लेकिन सही नज़रिए से देखा जाए तो तुम उनका भला ही करोगे। उन्हें न केवल परेशानी से बचाओगे, बल्कि फाँसी से भी। सबसे बड़ी बात तो ये है कि तुम चैन की नींद तो सो सकोगे। यही ठीक रहेगा। तो...?

विमी : तुम्हें मेरा जवाब जल्द ही मिल जाएगा...मेरे साथियों से।

चीफ़ : एक और क़त्ल? तुमने तो इसे धन्धा ही बना लिया है। ख़ैर मैंने अपनी बात कह दी। लगता है तुम्हें तुम्हारे आदर्शों से अलग करना नामुमकिन है।

विमी : और मुझे मेरे साथियों से अलग कर पाना भी...

चीफ़ : अच्छा...फिर **(जाने लगता है–मुड़ता है)** तुमने गवर्नर की बीवी और उन बच्चों को क्यों बख़्श दिया?

विमी : तुमसे किसने कहा?

चीफ़ : तुम्हारे जासूस ने। वो हमारे लिए भी कुछ जासूसी कर रहा था। तो?

विमी : इससे तुम्हारा कोई मतलब नहीं।

चीफ़ : **(हँसता है)** तुम यही सोचते हो? फिर भी मैं बताता हूँ...आदर्श गवर्नर की हत्या तो करवा सकते हैं...लेकिन जहाँ बच्चों की बात आती है..कोरे आदर्श ही काफ़ी नहीं। **(विमी कुछ बोलने को होता है)** नहीं, जवाब तुम मुझे नहीं। गवर्नर की बीवी को देना।

विमी : क्या?

चीफ़ : हाँ, वो तुमसे मिलना चाहती है। मेरे यहाँ आने का खास मक़सद यही था कि तुम्हारी और उसकी बातचीत हो जाए। शायद वो तुम्हारे इरादे को बदलने में क़ामयाब हो। वो ईसाई है। बल्कि आत्माओं के मामले में खासा इल्म रखती है। **(हँसता है)**

विमी : मैं उससे मिलूँगा।

चीफ़ : मुझे अफसोस है। मिलना तो तुम्हें पड़ेगा ही। **(दरवाज़े पर सुनता है)** शायद वो आ रही है। पहले पुलिस और अब धर्म। लेकिन ये इतना अजीब भी नहीं...भगवान के बिना जेल की कल्पना हो सकती है...? कितना अकेलापन लगेगा।

[जाता है]

[आवाज़ें...आर्डर...गवर्नर की बीवी आती है। कुछ पल चुप खड़ी रहती है। दरवाज़ा खुलता है]

विमी : क्या चाहिए तुम्हें?

बीवी : **(मुँह से परदा हटाते हुए)** देखो। **(विमी चुप रहता है)** एक आदमी के साथ कितनी चीज़ें मर जाती हैं।

विमी : ये मैं जानता था।

बीवी : **(सहज तरीके लेकिन थकी आवाज़ में)** नहीं! क़ातिल ये नहीं जानते। अगर जानते हैं तो सिर्फ़ क़त्ल करना।

[ख़ामोशी]

विमी : मैंने तुम्हें देख लिया। अब अकेला रहना चाहता हूँ।

बीवी : लेकिन मुझे देखना है तुम्हें। **(विमी दूर हटता है। वो बैठती है,**

थकी-सी लगती है) मैं अब अकेले नहीं रह सकती। पहले जब भी कोई दुख होता था तो वो उन्हें बाँटते थे, तब मैं दुख बर्दाश्त कर पाती थी। लेकिन अब नहीं। वो ख़ामोशी...वो अकेलापन। दूसरे लोग नहीं समझ पाते। दुख बाँटने का दिखावा करते हैं। शायद बाँटते भी हैं कुछ देर लेकिन फिर, चले जाते हैं। अपना खाना खाने...सोने। मुझे लगा तुम मेरी तरह होगे। तुम्हें भी नींद नहीं आती...है न? मैं उस गुनाह के बारे में मुजरिम को छोड़ और किससे बात करती?

विमी : कैसा गुनाह? मैं सिर्फ़ इंसाफ़ की बात समझता हूँ।

बीवी : वही आवाज़! तुम्हारी आवाज़ बिलकुल उनके जैसी है। आदमी जब इंसाफ़ करते हैं तो एक ही सी आवाज़ में। जब वो कहते थे यही इंसाफ़ है तो हर एक को मानना पड़ता था। चाहे वो ग़लत ही क्यों न हो। शायद तुम भी इस बार ग़लत हो।

विमी : वो तो नाइंसाफ़ी की जीती जागती मिसाल था जिसके बदले में उसे बहुत से इनाम और इज्ज़त बख्शी गई। लेकिन मैं चाहे ग़लत ही होऊँ...मेरा इनाम तो है जेल और मौत...।

बीवी : जानती हूँ...तुम दुखी हो! लेकिन उनका भी तो सोचो। तुमने उनका क़त्ल किया है।

विमी : उसे तो पता भी नहीं चला कि वो कब मर गया। ऐसी मौत तो कुछ भी नहीं।

बीवी : कुछ भी नहीं **(कुछ शान्त)** शायद तुम ठीक कह रहे हो। उन्होंने तुम्हें फौरन ग़िरफ्तार कर लिया। उन्होंने बताया तुम पुलिस वालों से घिरे हुए भाषण दे रहे थे। हाँ, उससे तुम्हें मदद मिली होगी। लेकिन मैं थोड़ी देर से पहुँची, और सब कुछ देखा। वहाँ जो कुछ मिला मैंने उठा लिया। तमाम ख़ून...मैंने सफ़ेद पोशाक पहनी हुई थी।

विमी : बन्द करो...

बीवी : क्यों यही तो सच्चाई है। तुम्हें मालूम है, मरने से सिर्फ़ दो घण्टे पहले वो क्या कर रहा था। एक आराम कुर्सी में सो रहा था। पैर ऊपर किए। वो अक्सर ऐसा करता था। वो सो रहा था और तुम...तुम उसका इन्तज़ार कर रहे थे, उस मनहूस अँधेरे में। ओह, मदद करो मेरी...। तुम बच्चे हो। तुम्हारे अन्दर इस क़िस्म की शैतानियत नहीं हो सकती।

[वो रोती है–विमी दूर हट जाता है–जड़वत्]

विमी : मुझे बचपन मिला ही नहीं।

बीवी : तुम इस तरह जड़ क्यों हो गए। तुम्हें अपने ऊपर कभी तरस नहीं आया।

विमी : नहीं।

बीवी : तुम ग़लत हो। अपने ऊपर तरस खाने से बहुत सुकून मिलता है। मुझे अपने सिवा और किसी पर तरस नहीं आता। **(खामोशी)** मैं बीमार हूँ। उसके साथ मुझे भी मार देते। छोड़ क्यों दिया?

विमी : तुम्हें नहीं छोड़ा! छोड़ा उन बच्चों को जो तुम्हारे साथ थे।

बीवी : हाँ, मालूम है। मुझे वो ज़्यादा पसन्द नहीं थे। वो गवर्नर के भतीजा-भतीजी थे। क्या अपने चाचा की तरह वो भी गुनहगार नहीं थे?

विमी : नहीं।

बीवी : तुम जानते हो उन्हें? मेरी भतीजी एक संगदिल बच्ची है। जब उसे कोई चीज़ ग़रीबों को देने को कहा जाए तो वो हमेशा इनकार कर देती है। वो उनके पास तक नहीं जाती। क्या वो ग़लत नहीं है? बेशक वो है–लेकिन उन्हें तो ग़रीबों से प्यार था–वो उनके बीच उठते-बैठते थे। और तुमने उन्हीं को मार दिया। तुम भी ग़लत हो। दुनिया ऐसी ही है। जालिम और संगदिल।

विमी : तुम अपना वक़्त बर्बाद कर रही हो। तुम चाहती हो कि मैं थककर हार मान लूँ। तुम इसमें कामयाब नहीं हो सकतीं। इसीलिए मुझे अकेला छोड़ दो।

बीवी : तुम मेरे साथ भगवान को याद नहीं करोगे? तब हम तुम इतने अकेले नहीं रहेंगे।

विमी : **(खड़ी होती है)** मुझे मौत के लिए तैयार होने दो। **(काफ़ी बेचैन, विमी के पास जाकर)** अगर मैं मरता नहीं तो क़ातिल क़रार दिया जाऊँगा।

बीवी : मौत...तुम वाकई मरना चाहते हो। नहीं, तुम्हें तो ज़िन्दा रहना होगा। और अपने क़ातिल क़रार दिए जाने को क़बूल करना होगा। आख़िर तुमने उसका क़त्ल किया है। नहीं किया क्या? आख़िरकार भगवान ही तुम्हारा फ़ैसला करेगा।

विमी : किसका भगवान! तुम्हारा या मेरा।

बीवी : हम सबका।

विमी : बकवास, भगवान के नाम पर बहुत बेवकूफ़ बनाया गया है।

बीवी : किसे!

विमी : **(चिल्लाकर)** लोगों को। उन लोगों को जिन्हें फाँसी की सज़ा सुनाने का हक है तुम लोगों के पास।

[ख़ामोशी]

बीवी : **(मिठास से)** मैं तुम्हारी दुश्मन नहीं हूँ।

विमी : **(निराशा से)** हाँ, हाँ...तुम हो...। मुजरिम होने से भी भयानक जुर्म है कि ऐसे आदमी को मुजरिम होने पर मजबूर करना जो जुर्म के लिए बना ही नहीं। मेरी तरफ़ देखो, मैं क़सम खाता हूँ कि मैं क़ातिल नहीं बनना चाहता था।

बीवी : मुझसे इस तरह बात मत करो जैसे कि मैं तुम्हारी दुश्मन हूँ। मेरी क़िस्मत तुम्हारे हाथ में है। **(दरवाज़ा बन्द कर देती है)** हमारे ख़ून अलग-अलग हैं। लेकिन हम एक ही भगवान से बँधे हैं। एक ही दर्दनाक घटना के दो हिस्से। मेरे साथ बैठकर भगवान को याद करो।

विमी : नहीं...**(उसकी ओर जाता है)** मुझे तुम पर दया आती है। इसलिए तुमसे कुछ नहीं छिपाऊँगा। मैं चाहता हूँ तुम सब कुछ ठीक-ठाक जान लो। भगवान पर मुझे यक़ीन नहीं, लेकिन उस वादे पर यक़ीन है जो मैंने अपने साथियों से किया था। जो इस वक़्त मेरे बारे में सोच रहे होंगे। मेरा भगवान को याद करना उन्हें धोखा देना होगा।

बीवी : तुम्हारा मतलब क्या है?

विमी : **(जीतने वाले अन्दाज़ में)** कुछ नहीं! सिर्फ़ ये कि बहुत जल्दी एक ख़ुशी का मौक़ा आने वाला है। अगले कुछ दिन काटना मुश्किल होगा लेकिन जल्दी ही मेरा फ़ैसला सुना दिया जाएगा। फाँसी की तैयारियाँ होने लगेंगी और फिर फाँसी के तख़्ते पर चढ़ते ही मैं तुम सबसे और इस नापाक़ दुनिया से छुटकारा पा जाऊँगा। **(कुछ शान्त और गहनता से)** आख़िरकार मेरे दिल में नफ़रत की जगह प्यार ले लेगा। आपा तुम्हारी समझ में?

बीवी : प्यार केवल भगवान से ही किया जा सकता है।

विमी : नहीं, प्यार भगवान से नहीं। प्यार आदमी से। इन्सानियत से।

बीवी : आदमी गन्दगी से लिपटी हुई एक चीज़ है, उसे सिर्फ़ ख़त्म किया जा सकता है या छोड़ा जा सकता है। और क्या किया जा सकता है उसके साथ?

विमी : उसके लिए...उसके साथ, आप मर सकते हैं।

बीवी : लेकिन मरते तो तुम अकेले हो। वो भी अकेला ही मरा था।

विमी : **(बेताबी से)** नहीं आप उनके साथ मर सकते हैं। जो एक-दूसरे को प्यार करते हैं उन्हें साथ-साथ मरना चाहिए, दोबारा साथ होने के लिए। जीते-जागते वो एक-दूसरे से कटे रहते हैं। शर्म से, दुख से। एक-दूसरे के ख़िलाफ की गई नाइंसाफी से, जुर्म से। ज़िन्दा रहना यन्त्रणा है। क्योंकि ज़िन्दा रहना अलग करता है।

बीवी : भगवान हमें दोबारा साथ करता है।

विमी : लेकिन इस लोक पर नहीं और हमारा लेना-देना इसी लोक में है।

बीवी : ये दुनिया ऐसे जानवरों से भरी है जो अपनी नाक ज़मीन में घुसाए ढूँढ़ते रहते हैं लेकिन जो उन्हें चाहिए वो कभी मिल नहीं पाता।

विमी : **(खिड़की की तरफ़ मुड़कर)** लेकिन मुझे जल्दी ही मिल जाएगा। **(ख़ामोशी)** लेकिन क्या तुम उस प्यार की कल्पना नहीं कर सकतीं। दो लोगों के बीच का प्यार। जिसमें खुशी की कोई तमन्ना न हो। जो एक-दूसरे को दुख में प्यार करते हों। जिनको दुख ही एक-दूसरे से जोड़ता हो। **(उसकी ओर देखता है)** यही बन्धन उन्हें मौत में भी साथ ले जा सकता है।

बीवी : ये कैसा खौफनाक़ प्यार है।

विमी : यही एक प्यार है। जिसकी इजाज़त तुम और तुम जैसे लोगों ने बख़्शी है हमें।

बीवी : मैंने भी प्यार किया है। उस आदमी से जिसे तुमने मार डाला।

विमी : जानता हूँ**...**इसलिए तुम्हारे गुनाह के लिए तुम्हें माफ़ कर सकता हूँ। **(ख़ामोशी)** अब चली जाओ**...**

[लम्बी ख़ामोशी]

बीवी : हाँ, अब मैं चली जाऊँगी! मैं तुम्हें सिर्फ़ भगवान की याद दिलाने आई थी। लेकिन तुम ख़ुद ही अपना फ़ैसला करना चाहते हो और वो तुम्हारी ताक़त के परे है। लेकिन ईश्वर तुम्हारा फ़ैसला कर सकता है अगर तुम ज़िन्दा रहो। मैं उनसे कहूँगी तुम्हें माफ़ कर दे।

विमी : नहीं! नहीं! तुम ऐसा नहीं कर सकतीं। **(बीवी जाती है, विमी दरवाज़े तक भागता है चीफ़ अचानक आता है–विमी चौंक जाता है। आँखें बन्द करता है; फिर चीफ़ को देखता है)** शुक्र है भगवान का तुम आ गए।

चीफ़ : खुशी हुई**...**क्यों?

विमी : दोबारा नफ़रत करने के लिए मुझे कोई चाहिए।

चीफ़ : ओफ! कितने अफसोस की बात है, ख़ैर मैं तुम्हारे जवाब के लिए आया हूँ।

विमी : तुम्हें मेरा जवाब मिल चुका है।

चीफ़ : नहीं अभी नहीं! सुनो...मैंने गवर्नर की बीवी और तुम्हारी मुलाक़ात का बन्दोवस्त इसलिए किया था ताकि इसका ब्यौरा अख़बारों में दिया जा सके। ब्यौरा पूरी तरह से सही होगा सिवाय एक बात के। उसके उस ब्यौरे में तुम्हारा एक इक़बालिया बयान शामिल किया जाएगा कि तुम्हें अपने किए पर पछतावा है। तुम्हारे दोस्त सोचेंगे कि तुमने उन्हें धोखा दिया है।

विमी : (अडिग) वो यक़ीन नहीं करेंगे।

चीफ़ : मैं तभी उस बयान को वापस लूँगा जब तुम अपना गुनाह कबूल कर लोगे। और पूरा खुलासा दोगे। तुम्हारे पास सोचने के लिए पूरी रात है।

[दरवाज़े की ओर मुड़ता है।]

विमी : (चिल्लाकर) नहीं, उन्हें यक़ीन नहीं होगा।

चीफ़ : (मुड़कर) क्यों नहीं! क्या उन्होंने कभी ग़लती नहीं की।

[ख़ामोशी]

विमी : तुम उनका प्यार नहीं जानते।

चीफ़ : नहीं! लेकिन इतना जानता हूँ कि कोई भी आदमी पूरी रात भाईचारे में यक़ीन नहीं रख सकता। शक-शुबह के एक लम्हे के बग़ैर...और मैं उसी लम्हे का इन्तज़ार करूँगा। **(दरवाज़ा बन्द करके पीठ टेककर खड़ा होता है)** अपना पूरा वक़्त लो दोस्त। मेरे पास सब्र की कोई कमी नहीं।

[एक-दूसरे को देखते खड़े रहते हैं।]

[पर्दा गिरता है]

पाँचवाँ अंक

[एक और कमरा, पहले जैसा ही। एक हफ्ते बाद। आधी रात का समय। ख़ामोशी। देविका चहलकदमी कर रही है]

ओंकार : थोड़ा शान्त होने की कोशिश करो देविका।

देविका : मुझे ठण्ड लग रही है।

ओंकार : इधर लेट जाओ...कम्बल ओढ़ लो।

देविका : **(अभी भी टहलती रहती है)** ये रात कितनी लम्बी है। मुझे कितनी ठण्ड लग रही है ओंकार। **(दरवाज़े पर दस्तक, दो बार...। ओंकार दरवाज़ा खोलता है। सुखेन और विवान आते हैं। सुखेन व विवान देविका के पास जाकर गले मिलते हैं)** और विवान।

सुखेन : मदन का कहना है शायद आज रात ही हो। जिनकी ड्यूटी नहीं थी उन सभी जूनियर अफ़सरों को भी बोला गया है कि ड्यूटरी पर रिपोर्ट करें। इसी बहाने वो भी वहाँ पहुँच जाएगा।

ओंकार : तुम उसे कहाँ मिलोगे?

सुखेन : वो मेरा और विवान का इन्तज़ार करीब ही एक रेस्तराँ में करेगा।

देविका : तो आज रात ही है ओंकार।

[बैठती है—एकदम थकी-सी लगती है]

ओंकार : हाँ, फ़ैसला वाइसराय के हाथ में है। अगर विमी ने माफ़ी की अपील की है तो।

देविका : उसने नहीं की।

सुखेन : तो फिर वो गवर्नर की बीवी से क्यों मिला? और फिर उसका तो कहना है कि वो पछता रहा है—हम किस पर यक़ीन करें?

देविका : हम जानते हैं उसने मुक़दमे में क्या बयान दिया था और ख़त में क्या लिखा था। क्या उसने नहीं कहा था कि उसको सिर्फ़ एक बात का अफसोस है कि उसके पास एक और ज़िन्दगी नहीं है, नाइंसाफ़ी

के ख़िलाफ लड़ने के लिए। ऐसा आदमी माफ़ी की अपील कर सकता है? नहीं...वो मरना चाहता था और अब भी मरना चाहता है। जो उसने किया है उसे झुठलाया नहीं जा सकता।

सुखेन : उसे गवर्नर की बीवी से नहीं मिलना चाहिए था।

देविका : इसका फ़ैसला सिर्फ़ वही कर सकता था।

सुखेन : नहीं, उससे मिलना हमारे उसूलों के ख़िलाफ था।

देविका : हमारा एक ही उसूल है, क़त्ल करना। अब वो आज़ाद है। एकदम आज़ाद।

सुखेन : नहीं...अभी नहीं।

देविका : है, वो है! और अब जबकि वो मरने वाला है तो उसका हक़ है जो चाहे करे, हाँ...वो मरेगा...तुम्हें निराश नहीं करेगा।

ओंकार : देविका।

देविका : अगर उसकी सज़ा माफ़ हो जाए तो तुम्हें ख़ुशी हो...उससे साबित हो जाएगा कि गवर्नर की बीवी का कहना सच था। वो पछता रहा है। हमें धोखा दिया है उसने। लेकिन वो मर गया तो तुम्हें उसका यक़ीन करना होगा। प्यार करना होगा।

[उसे देखती है]

विवान : **(उसकी ओर जाता है)** नहीं देविका ये ग़लत है। हमने कभी उस पर शक नहीं किया।

देविका : नहीं किया? **(चहलकदमी करती हुई)** शायद तुम ठीक कह रहे हो। लेकिन क्या फ़र्क़ पड़ता है। आज रात तो पता चल ही जाएगा। ओह...विवान तुम वापस किसलिए आए?

विवान : उसकी जगह लेने। उसका बयान सुनकर मुझे कितना फख्र महसूस हुआ था। मेरी आँखों में आँसू आ गए। याद है उसने क्या कहा था। 'दुनिया में नाइंसाफ़ी के ख़िलाफ मरना मेरा पहला विरोध होगा।' मैंने पढ़ा तो मेरे हाथ काँपने लगे।

देविका : मेरा पहला विरोध...हाँ, यही कहा था उसने।

विवान : ओह देविका...इतनी हिम्मत! और आख़िर में उसने कहा था, 'मैं नाइंसाफ़ी के ख़िलाफ केवल आदमी के विरोध को दिखा पाया हूँ। मेरी मौत हमारे पाक आदर्शों का सबूत होगी'। तभी मैंने वापस आने का फ़ैसला कर लिया।

देविका : **(अपने सर को हाथों में छिपाते हुए)** उसे हमेशा इस पवित्रता की खोज थी। उफ् कितनी क्रूरता से मिलती है ये पवित्रता।

विवान : रोओ मत देविका! वो चाहता था उसकी मौत पर कोई न रोए! अब समझ में आया कि मैं उस पर कभी शक क्यों नहीं कर पाया। मैं आज तक डरता रहा, जब मुझे पता चला कि उसे मौत की सज़ा हुई है तो मन में सिर्फ़ एक ही ख़्याल आया कि मैं उसका साथ न दे सका तो अब तो उसकी जगह ले लूँ।

देविका : आज उसकी जगह कौन ले सकता है? आज तो वो अकेला होगा विवान।

विवान : जिस तरह मिसाल क़ायम कर उसने हमारी हिम्मत बढ़ाई है उसी तरह हमें भी उसका हौसला बढ़ाना है, उस पर फ़ख्र करके। रोओ नहीं।

देविका : देखो...मेरी आँखों में आँसू नहीं हैं। उफ् मैं अब कभी फ़ख्र महसूस नहीं कर पाऊँगी।

सुखेन : मुझे ग़लत मत समझना देविका! मैं चाहता हूँ कि विमी ज़िन्दा रहे। हमें उस जैसे लोगों की ज़रूरत है।

देविका : लेकिन वो ज़िन्दा रहना नहीं चाहता इसलिए हमें भी चाहिए कि हम उसकी मौत चाहें।

ओंकार : पागल हो गई हो तुम!

देविका : मैं जानती हूँ कि उसे सिर्फ़ इसी तरह चैन मिल सकता है—मर के! उसे मरने दो **(धीरे-धीरे रो)** लेकिन जल्दी।

सुखेन : मैं जा रहा हूँ ओंकार! चलो विवान, मदन इन्तज़ार कर रहा है।

ओंकार : हाँ...तुम चलो, जल्दी वापस आना।

[सुखेन और विवान दरवाज़े तक जाते हैं। सुखेन घूमता है और देविका को देखता है]

सुखेन : कुछ ही मिनटों में हमें सब पता चल जाएगा। इसका ख़्याल रखना ओंकार।

[चला जाता है। देविका खिड़की की ओर जाती है। ओंकार उसे देख रहा है।]

देविका : मौत, फाँसी...! ओह ओंकार...! हर बार वही मौत...

ओंकार : हाँ, देविका...और कोई तरीक़ा नहीं है।

देविका : ऐसा मत कहो! अगर मौत ही अकेला तरीक़ा है तो हमने ग़लत रास्ता चुना है। सही रास्ता तो ज़िन्दगी की तरफ़ ले जाता है।

ओंकार : हमारा रास्ता भी ज़िन्दगी की तरफ़ ले जाता है। दूसरों के लिए

हमारा वतन ज़िन्दा रहेगा, हमारे बच्चे ज़िन्दा रहेंगे। याद है विमी कहा करता था...'हिन्दुस्तान एक ख़ूबसूरत जगह होगी'।

देविका : दूसरे...? हमारे बच्चे...? हाँ, लेकिन विमी तो जेल में है। वो तो मरने वाला है, शायद मर चुका है। लेकिन ओंकार अगर दूसरे भी ज़िन्दा न रह पाए तो? अगर वो बेवजह ही मर गया तो?

ओंकार : चुप रहो।

[ख़ामोशी]

देविका : कितनी ठण्ड है। जेल के अहाते में फूल खिले होंगे। मैं जानती हूँ ज़रूर ख़िले होंगे। वो उन्हें तो देखेगा।

ओंकार : जब तक हमें पूरी बात मालूम नहीं होती, सब्र करो देविका। इस तरह काँपो मत।

देविका : मुझे बहुत सर्दी लग रही है। मुझे लग रहा है जैसे मैं कोई लाश हूँ। (**ख़ामोशी**) कितनी बुढ़ा गई हूँ मैं! हम फिर कभी जवान नहीं होंगे ओंकार! पहले क़त्ल के साथ ही बचपन आँखों से ओझल हो जाता है। बम फेंका और पूरी ज़िन्दगी आँखों के आगे से गुज़र गई। बचती है सिर्फ़ मौत! मनुष्य की पूरी योनि हमने जी है।

ओंकार : और मरना भी इन्सान की तरह चाहिए, लड़ते-लड़ते।

देविका : हमारी रफ़्तार बहुत तेज़ रही है। हम अब इन्सान रहे ही नहीं।

ओंकार : दुख और नाइंसाफ़ी की रफ़्तार भी तेज़ होती है। सब्र के लिए वक़्त नहीं। न ही धीरे-धीरे ज़िन्दगी गुजारने का। हिन्दुस्तान जल्दी में है।

देविका : जानती हूँ। सब के दुख हमें अपने कन्धों पर झेलने हैं। उसने भी यही किया। बहुत हिम्मत चाहिए। कभी-कभी सोचती हूँ कि इस फ़ख्र की हमें सज़ा तो नहीं मिलेगी?

ओंकार : इसकी क़ीमत हम अपनी ज़िन्दगी से अदा करते हैं। इससे ज़्यादा कोई कुछ नहीं कर सकता। इस पर हमारा हक़ है।

देविका : क्या सचमुच इससे ज़्यादा कोई कुछ नहीं कर सकता? कभी-कभी सुखेन की बात सुनकर डर लगता है। शायद हमारे बाद जो आए। हमारी ही मिसाल लेकर ये रास्ता चुने, लेकिन इसकी क़ीमत अपनी ज़िन्दगी से अदा न करे तो।

ओंकार : फिर वो क़ायर होगा।

देविका : कौन जाने...! शायद इंसाफ़ यही है।

ओंकार : देविका...। (**ख़ामोशी**) क्या हो गया तुम्हारे यक़ीन को। इस तरह बोलते तुम्हें पहले कभी नहीं सुना।

देविका : मुझे बहुत ठण्ड लग रही है। नए-नए ख़्याल आ रहे हैं कि वो मेरी तरह न काँपे, चाहे उसे कितना भी डर क्यों न लग रहा हो।

ओंकार : क्या तुम हमारा साथ नहीं निभाना चाहतीं देविका।

देविका : **(उसके कन्धे का सहारा लेते हुए)** बिलकुल निभाना चाहती हूँ। आख़िर तक मुझे जुल्म से नफ़रत है और ये भी जानती हूँ कि यही एक तरीका है। लेकिन जब मैंने इस रास्ते को चुना था तो बहुत खुश थी लेकिन अब नहीं। यही फ़र्क़ है अब हम क़ैदी बन गए हैं।

ओंकार : पूरा हिन्दुस्तान ज़ंजीरों में है...लेकिन हम उन्हें तोड़ेंगे...

देविका : मुझे बम फेंकने दो। देखना मैं सीधे मौत की तरफ़ चली जाऊँगी, ज़रा भी झिझकूँगी नहीं। अपने भीतर की जद्दोज़हद को साथ लिए मर जाना कितना आसान है लेकिन उसके साथ रहना बहुत मुश्किल है। **(ख़ामोशी)** ओंकार, तुमने कभी प्यार किया है?

ओंकार : हाँ...काफ़ी पहले! अब तो ठीक से याद भी नहीं।

देविका : कितने साल पहले?

ओंकार : चार साल।

देविका : तुम इस पार्टी के इन्चार्ज कब से हो?

ओंकार : चार साल से **(ख़ामोशी)** और अब इस पार्टी से ही प्यार करता हूँ।

देविका : **(खिड़की की ओर जाते हुए)** प्यार नहीं! हमें अपना काम ज़ारी रखना है...। अन्त तक। काश हम कुछ देर रुक पाते। कुछ देर तक चैन से बैठकर खुद के साथ वक़्त गुजार पाते...लेकिन ये घिनौनी नाइंसाफ़ी हमारे साथ चिपकी रहती है। जोंक की तरह हमें सज़ा मिली है कि हमेशा अपने से भी ऊँचा उठने की कोशिश करते रहें। मैं लोगों से इन्सानों से प्यार करना चाहती हूँ। इन्साफ़ से नहीं। लेकिन हमें तो अपना काम ज़ारी रखना है। देविका को...विमी को। अन्त तक काम ज़ारी रखना है। **(रोती है)** पर उसका तो अन्त आ ही गया।

ओंकार : **(उसे अपनी बाँहों में लेकर)** उसे माफ़ कर दिया जाएगा।

देविका : **(उसे देखते हुए)** तुम जानते हो--ऐसा नहीं होगा। जानते हो ऐसा नहीं होना चाहिए। **(ओंकार नज़रें फेर लेता है)** शायद वो उसे बाहर ला चुके हैं। एकदम चुप्पी छाई हुई है। ओंकार उसे ठण्ड तो नहीं लग रही? तुम जानते हो। फाँसी कैसे दी जाती है?

ओंकार : नहीं...देविका!

देविका : **(उत्तेजित)** दो हाथ काला-सा टोपा पहना देते हैं। जल्लाद रस्सी

खींचता है और गर्दन चटख जाती है। कितना खौफ़नाक है।

ओंकार : हाँ, एक तरह से। दूसरी तरह से बहुत अच्छा भी लगता है।

देविका : अच्छा?

ओंकार : हाँ, फन्दा गले में पड़ने से पहले किसी के हाथों का स्पर्श तो महसूस होता है। देविका जैसे ही ये सब ख़त्म हो जाए तुम्हें कुछ दिन कहीं जाकर आराम करना चाहिए।

देविका : **(खोई सी)** जाना चाहिए? किसके साथ?

ओंकार : मेरे साथ...देविका।

देविका : **(उसे देखती है)** तुम्हारे साथ? **(खिड़की की ओर देखती है)** आह, सुबह हो गई विमी मर चुका है। महसूस हो रहा है।

ओंकार : हम सब तुम्हारे साथ हैं...भाइयों की तरह।

देविका : हाँ, सब साथ हो...। इस तरह के भाईचारे में कितनी गन्दी बू आने लगती है कभी-कभी।

[बारिश हो रही है। दिन चढ़ रहा है। दरवाज़े पर दस्तक...दो बार। सुखेन और विवान आते हैं। कोई हिलता नहीं। देविका लड़खड़ाती है। फिर सँभल जाती है।]

सुखेन : **(रुककर, धीमी आवाज़ में)** विमी ने हमें धोखा नहीं दिया।

ओंकार : जो कुछ हुआ...मदन ने देखा?

सुखेन : हाँ...!

देविका : **(शान्त, उसकी ओर बढ़ते हुए)** बैठ जाओ सुखेन...मुझे बताओ...क्या हुआ?

सुखेन : क्या फ़ायदा...?

देविका : सब कुछ बताओ मुझे। मेरा हक़ बनता है जानना। तुम्हें बताना ही होगा सब कुछ।

सुखेन : मैं नहीं बता सकता और हमें यहाँ से निकलना भी है!

देविका : नहीं, पहले मुझे बताओ उसे कब बताया गया?

सुखेन : दस बजे कल रात।

देविका : उसे फाँसी कब लगाई गई।

सुखेन : दो बजे...आज सुबह।

देविका : तो वो चार घण्टे अपनी कोठरी में इन्तज़ार करता रहा?

सुखेन : हाँ, बिना कुछ बोले! फिर अचानक सब कुछ हो गया। और अब सारा मामला ख़त्म हो चुका है।

देविका : चार घण्टे बिना कुछ बोले। उसने पहना क्या था? क्या वही गन्दा

कुर्ता?

सुखेन : नहीं, काले कपड़े।

देविका : क्या बहुत ठण्ड थी वहाँ!

सुखेन : बहुत अँधेरा था। फिर बारिश हुई। दालान में कीचड़-सी बनी थी हर जगह।

देविका : **(उसे ध्यान से देखते हुए)** वो काँप रहा था?

सुखेन : नहीं।

देविका : वो किसे देख रहा था?

सुखेन : मदन ने कहा कि वो सबको देख रहा था...पर जैसे सचमुच देख नहीं रहा था।

देविका : और फिर! उसके बाद क्या हुआ?

सुखेन : बस, बहुत हो गया देविका।

देविका : नहीं मुझे जानना ही है। और कुछ नहीं तो उसकी मौत तो मेरी है।

सुखेन : फिर उन्होंने सज़ा पढ़कर सुनाई।

देविका : जब सज़ा पढ़ी जा रही थी तो वो क्या कर रहा था?

सुखेन : कुछ नहीं, पर एक बार उसने अपने पैर पर चिपकी ज़रा-सी मिट्टी को हटाया।

देविका : ज़रा सी मिट्टी।

ओंकार : **(काटते हुए)** तुम ये सब कैसे जानते हो? तुमने मदन से ये सारी बातें पूछीं? क्यों?

[सुखेन चुप है]

सुखेन : **(धीरे-से, कहीं और देखते हुए)** मेरे और विमी के बीच...कुछ था।

ओंकार : क्या मतलब?

[ख़ामोशी]

सुखेन : मैं उससे ईर्ष्या करता था।

देविका : और बोलो सुखेन...फिर क्या हुआ?

सुखेन : जब उससे उसकी आख़िरी ख़्वाहिश पूछी गई तो उसने कहा, "मैं तुमसे कह चुका हूँ, ज़िन्दगी के कोई माने नहीं मेरे लिए। मैं मौत को क़बूल कर चुका हूँ।"

देविका : उसकी आवाज़ कैसी थी?

सुखेन : हमेशा की तरह लेकिन कुछ तनाव कम था, ठहराव ज़्यादा।

देविका : क्या वो ख़ुश लग रहा था?

ओंकार : तुम पागल हो क्या?

देविका : हाँ...वो ख़ुश लग रहा था। मैं जानती हूँ। कितना बड़ा नाइंसाफ़। अगर ज़िन्दगी को नकारने के बाद उसे मौत में भी ख़ुशी न मिले तो। वो ख़ुश था और तख़्ते पर बहुत ख़ामोशी से चढ़ा।

सुखेन : हाँ, दूर किसी के गाने की आवाज़ आ रही थी। फिर एक कुत्ता भौंका।

देविका : फिर।

सुखेन : फिर वो सीढ़ियाँ चढ़ने लगा और अँधेरे में गायब हो गया। सिर्फ़ वो काला कपड़ा नज़र आ रहा था जिसे जल्लाद ने उसके सिर पर ढका था।

देविका : और फिर **(ख़ामोशी)** फिर क्या **(ख़ामोशी)**

सुखेन : कुछ घुटी-घुटी-सी आवाज़ें।

देविका : घुटी-घुटी-सी आवाज़ें...ओह विमी। और फिर! **(सुखेन कुछ नहीं कहता देविका उत्तेजित स्वर में)** बताओ...मुझे! फिर क्या हुआ? **(सुखेन ख़ामोश है)** तुम बताओ विवान...

विवान : एक... घिनौनी सी आवाज़

देविका : आह...

[दीवार से चिपक जाती है। सुखेन मुँह मोड़ लेता है। ओंकार रोता है। देविका मुड़कर उन्हें देखती है। दीवार का सहारा लिए हुए। बदली हुई सी आवाज़ में]

देविका : रोओ मत...नहीं...मत रोओ। आज ही तो इंसाफ़ का दिन है। आज कुछ जन्मा है जो इमारे इम्तहान में पास होने का सबूत है। हम इनक़लाबियों के इम्तहान में पास होने का सबूत! विमी अब क़ातिल नहीं रहा। एक घिनौनी-सी आवाज़। बस इतना ही लगा...घुटी-घुटी सी कुछ आवाज़ें और वो वापस अपने बचपन की खुशियों में पहुँच गया। तुम्हें याद है उसकी हँसी? कभी-कभी हँसता था। बिना किसी वजह के। कितना मासूम लगता था। अब भी हँस रहा है। सफ़ेद चादर के नीचे...। **(ओंकार के पास आती है)** ओंकार, तुम मेरे भाई हो। तुम मेरी मदद करोगे?

ओंकार : हाँ...तुम जो कहोगी।

देविका : तो फिर इतना करो मुझे बम फेंकने दो **(ओंकार उसे देखता है)** हाँ, अगली बार! मैं बम फेंकना चाहती हूँ...और पहला बम मैं फेंकूँगी।

ओंकार : हम औरतों को बम नहीं फेंकने देते।

देविका : (चिल्लाकर) मैं क्या औरत रही हूँ...?

[सब उसे देखते हैं...ख़ामोशी]

विवान : (धीरे से) उसे करने दो...ओंकार।

सुखेन : हाँ, करने दो...

ओंकार : बारी तुम्हारी है सुखेन...

सुखेन : (देविका को देखता है) उसे फेंकने दो...वो भी अब मेरी ही तरह है।

देविका : तुम मुझे फेंकने दोगे...है न?

ओंकार : हाँ! देविका।

देविका : मैं बम फेंकूँगी...और फिर इसी तरह एक रात ठण्ड में। कितना कुछ आसान हो जाएगा सब।

[समाप्त]